# 100 NUEVOS IMPULSOS POSITIVOS

## Para Vivir Mejor

Eduardo Criado

# 100 NUEVOS IMPULSOS POSITIVOS

## Para Vivir Mejor

folio

Publicado por:
Ediciones Folio, S.A.
Muntaner, 371-373
08021 Barcelona



Fotocomposición: Alfonso Lozano

1.ª edición: abril 1993
2.ª edición: septiembre 1993
3.ª edición: noviembre 1993
4.ª edición: abril 1994

Impreso y encuadernado por:
Novoprint, S.A.



ISBN: 84-7583-369-1

Depósito Legal: B. 15537-94

Impreso en España

# *PRÓLOGO*

*Amigo lector,*

*Hace pocos meses apareció el primer volumen de lo que decidí bautizar como «impulsos positivos». Se publicó con el título* 100 impulsos positivos para vivir mejor. *Actualmente estamos en la 3.ª edición.*

*Estas páginas me permiten agradecer las muestras de aprecio recibidas estos días: llamadas telefónicas, cartas, y peticiones de libros para empresas y escuelas. Una anécdota curiosa: una entidad industrial ha reproducido algunos impulsos en «posters» y los ha colgado en las paredes de sus talleres.*

*En este segundo volumen titulado* 100 nuevos impulsos positivos para vivir mejor, *están seleccionados nuevos impulsos emitidos en el programa «Protagonistas» que dirige Luis del Olmo, en Onda Cero, patrocinado por Pastas Gallo. En varios de ellos se reproducen poemas originales que escribí hace unos años sobre temas de autosuperación y desarrollo personal.*

*Cada impulso positivo es una unidad independiente, con su llamada a superarnos, su beneficio, su evidencia y su estímulo.*

*Su objetivo es animarnos a aplicar aquellos valores persona-*

*les que, a veces, tenemos retenidos, y ponerlos en marcha en nuestra vida cotidiana.*

*Son, algo así, como 100 motores de arranque, 100 palancas de uso personal, 100 chispas de autoestímulo.*

*Creo que, a cada lector, le afectarán «impulsos positivos» distintos, pero que cada uno encontrará, leyendo el libro, cien ráfagas de aire fresco que le ayudarán a ver, con nuevos ángulos de vista, las posibilidades de su propia personalidad, despertando deseos y ánimos ocultos que todos tenemos latentes.*

*Hay en este segundo volumen, al igual que ocurre en el primero, una rica herencia de pensamientos, máximas, anéctodas, leyendas e historias que nos ayudan a impregnar nuestra actitud en positivo, invitándonos a la acción, como en uno de los impulsos nos recuerda el filósofo Kierkegaard «El "yo" no es algo que es, sino algo que será. Es una tarea que hemos de ir construyendo gracias a la acción»,*

*Estos impulsos nos vienen de la mano de poetas como Juan Ramón Jiménez, Kahlil Gibran o Antoine de Saint-Exupéry; de grandes autores teatrales como Shakespeare, Calderón de la Barca o Jean Cocteau; y de pensadores antiguos como Confucio, Platón, Quintiliano, y modernos como Carl Rogers o Alvin Toffler. Aparecen en él historias ocurridas en lugares tan distintos como Hollywood, los bosques de Suiza, o los poblados de Centroamérica. Leeremos leyendas curiosas como la oriental del siglo* XX *o como la anécdota del fondo de los armarios y se proyectarán en nuestra mente escenas de filmes clásicos como* Las Cruzadas *o* Edison el hombre.

*Alguien dijo una vez «Aquél que desee encontrar perlas debe bucear».*

*Animémonos, pues, amigo lector, y zambullámonos en las páginas de este volumen. Seguro que hallaremos en él, sumergidas entre estos cien impulsos, perlas preciosas que serán como elementos motivadores, que nos estimularán, como dice el título, a vivir mejor.*

*Éste fue el buen deseo del autor, para corresponder a la confianza que pusiste al coger este libro en tus manos.*

EDUARDO CRIADO

# ¡ACTUEMOS AHORA!

*No basta querer;*
*es preciso actuar.*

EL FILÓSOFO ALEMÁN GOETHE DEJÓ ESCRITO ENTRE sus máximas y reflexiones:

«No basta saber, sino también aplicar el saber; no basta querer, es preciso actuar».

Sí, amigo lector, solamente una vez viviremos cada tic-tac de reloj.

¡Actuemos ahora!

Evitemos agitarnos en la duda, tomemos una decisión. Es preferible una regular decisión a tiempo que una buena decisión a destiempo, porque, como dijo el pensador Arturo Graf: «Quien más se agita, menos actúa».

Sigamos pues el consejo del poeta, que en un soneto nos dice:

Una vez sólo viviré el momento
que ya pasó cuando el verso leía.
Fugaz instante de la vida mía.

Cambiante nube que se lleva el viento.
He de saber vivir sin un lamento
por el tiempo perdido en lejanía,
pero, ¡eso sí!, consciente cada día
de que en la acción he de poner mi acento.

No mantendré mi espada vacilante
y en lo alto, esperando mejor hora.
Daré un buen golpe y seré tajante.

No voy a permitir nunca demora,
ya que sólo una vez tendré delante
este tic-tac de reloj. ¡Actúo ahora!

*Sí, amigo lector. Sigamos este impulso positivo:*

¡ACTUEMOS AHORA!

*No basta querer; es preciso actuar.*

# CONDUZCAMOS LAS COSAS POR NUESTRA PROPIA MANO

*Sentiremos la sensación de vivir.*

FUE EL ESCRITOR JOSÉ ORTEGA Y GASSET QUIEN escribió: «Solemos llamar vivir a sentirnos empujados por las cosas, en lugar de conducirlas con nuestra propia mano».

Las obras son fruto de la acción y la propia acción es dicha interior. Es arroyo que corre, no charca inerte.

Cuando Cumberland nos dice: «Es mejor gastarse que enmohecerse», nos recuerda esta frase de Maeterlinck: «Un pensamiento puede ser una cosa excelente, pero la realidad principia en la acción».

Valoremos la actividad, amigo lector. Son varios los autores que la han exaltado en sus escritos.

Marañón dijo: «El hombre ha de ser esclavo de la acción, si quiere vivir libre».

Burton escribió: «La actividad es el imán que atrae las cosas buenas».

Y Latimer afirmó: «Nada es imposible para la actividad».

Sí, amigo lector, llevado a un punto extremo, podríamos afirmar: «Nada fatiga tanto como la inactividad».

¡Acción! ¡Acción! ¡Acción! Tenemos algún pensamiento: llevémoslo a la práctica. Hay algo pendiente de acabar: démosle acción. Sentiremos en la actividad la sensación de vivir.

Una máxima japonesa nos dice: «Sólo en medio de la actividad, desearás vivir cien años», y un proverbio ruso aconseja: «Reza, pero no dejes de remar hacia la orilla».

*¡Acción! ¡Acción! ¡Acción!*

¡CONDUZCAMOS LAS COSAS POR NUESTRA PROPIA MANO!

*Sentiremos la sensación de vivir.*

# ¡MANTENGAMOS SIEMPRE UNA ACTITUD POSITIVA!

*Evitemos que los demás nos la cambien.*

CUANDO EL PENSADOR BUTZER DICE: «UNA PERSONA es tan grande como positiva es su actitud», nos recuerda estos versos del poeta:

> No podrán conmigo.
> No podrán convencerme
> de que el mundo se acaba
> ni hacerme confesar
> que es inútil la vida.
> Que no existe el amor,
> la amistad, ni la paz.
> Que sólo existe envidia.

No podrán conmigo.
No podrán impedir
que celebre haber nacido
y que goce bebiendo agua fresca.
Que me sienta a gusto,
después de haber trabajado
y que yo ame
a quien yo quiera.
No podrán conmigo,
y convencido estoy de que no podrán
que si, alguna vez, sus voces
me hicieran subir al pretil del puente
y tirarme al río,
sé muy bien que,
antes de llegar al agua,
cualquier cosa que viera,
un árbol, una nube;
cualquier cosa que escuchara:
un grito, una canción,
me traería un viejo
recuerdo olvidado
que me haría de nuevo
volver hacia atrás.
¡No! ¡No podrán conmigo!

*Sí, amigo lector. Sigamos este impulso positivo:*

¡MANTENGAMOS UNA ACTITUD POSITIVA!

*Evitemos que los demás nos la cambien.*

# ¡SEAMOS ORIGINALES EN LA EXPRESIÓN DE NUESTRO AFECTO!

## Sorprenderemos a las personas que apreciamos... y nos sentiremos muy bien.

El poeta ruso Ruskin dejó escrito una vez este pensamiento:

«Cuando el amor y la creatividad trabajan juntos se puede esperar una obra maestra».

¿Por qué no lo probamos, amigo lector? ¡Hoy mismo! Le propongo que sigamos el pensamiento de Ruskin. Para eso necesitamos dos cosas: Una, Amor, y otra, Creatividad.

Pensemos en una persona que podría ser el sujeto de nuestro amor, de nuestro afecto, de nuestra amistad o relación.

¿Hay alguna persona que apreciamos? Puede ser nuestra pareja, nuestro padre o nuestra madre, hermano, hijo, amigo o conocido.

¿Tenemos ya en nuestra mente a esa persona? Ahora sólo hace falta creatividad. ¡La idea! ¿Qué haremos para hacerle llegar nuestro aprecio de una manera original? Busquemos maneras distintas de hacerlo. Seamos imaginativos.

¿Le dejaremos un mensaje escrito en el espejo del lavabo por la mañana?

¿Le enviaremos una tarjeta postal original, a pesar de vivir en la misma ciudad?

¿Le haremos escuchar por teléfono los compases de su canción preferida?

¿Le pondremos, bajo el plato o en su escritorio, una entrada para un espectáculo?

¿De qué manera fresca, nueva, original y distinta, podemos decir a otra persona que la apreciamos? Pensemos y actuemos.

Éste es nuestro impulso positivo de hoy. Si todos los lectores lo hicieran, como usted se propone hacerlo, millones de vibraciones positivas sentiríamos flotar por el aire.

*Sí, amigo lector. Anímese y aplique hoy mismo este impulso positivo:*

¡SEAMOS ORIGINALES EN LA EXPRESIÓN DE NUESTRO AFECTO!

*Sorprenderemos a las personas que apreciamos... y nos sentiremos muy bien.*

# ¡PONGAMOS UNA GOTA DE ACEITE EN EL MOTOR DE NUESTRA MENTE!

## *Así pensaremos con más fluidez y alegría.*

TODOS CONOCEMOS ESAS PEQUEÑAS ACEITERAS EN LAS que, presionando en la base, aparece una gota al extremo del pequeño pitorro. Las hemos utilizado más de una vez, ya en labores profesionales para engrasar mecanismos, ya en labores domésticas para que funcionara más fluida, por ejemplo, la máquina de coser o cualquier otro aparato.

Y hemos visto como hacía milagros. Una sola gota de aceite lograba que la máquina funcionara con más alegría.

Hoy, amigo lector, vamos a proponerle un juego divertido y, a la vez, práctico y saludable.

Le invitamos a que usted cree, por sí mismo, una aceitera con pensamientos positivos y que, cuando note que el motor de su mente se oxida por alguna preocupación, algún pensamiento negativo o alguna contrariedad, aplique inmediatamente la aceitera.

Pero, eso sí, el aceite que usted utilice, o sea la frase que usted se diga, ha de ser muy personal. Algo que alguna vez le llamó la atención. Unas palabras que le impactaron en positivo, una cosa que oyó en una conversación, un «eslogan» que le gustó, una frase de una película, algo que, al leerlo, le impresionó, una frase que a usted le hizo sentirse con más confianza. Ésa será su propia gota de aceite. ¡Utilícela!

Podría darle unos ejemplos de gotas de aceite para su mente:

—¡Vaya alegre por la vida, hombre!

—¡Ahora es el mejor momento!

—¡Soy capaz de hacerlo!

—¡No lanzaré la toalla! Aguantaré un asalto más.

—¡Esto también pasará!

—¡Si otros lo hicieron, yo también!

—¡Mañana será otro día!

—¡Un poco más y estará acabado!

—¡No voy a permitir que esto me afecte!

Pruébelo. Es como si quisiera animar a su amigo, pero en este caso su amigo es usted.

Elija ya la frase adecuada y téngala a punto en cualquier momento. Hágala suya. Repítala con frecuencia el día de hoy.

*Sí, amigo lector. Sigamos este impulso positivo:*

¡PONGAMOS UNA GOTA DE ACEITE EN EL MOTOR DE NUESTRA MENTE!

*Así pensaremos con más fluidez y alegría.*

# ¡ABRAMOS PUERTAS Y VENTANAS A LA ALEGRÍA!

*Así tendremos limpio y feliz nuestro interior.*

ESO NOS ACONSEJA SCHOPENHAUER QUE HAGAMOS cuando nos dice: «Aquello que produce más felicidad interior es la alegría. Esta buena cualidad se compensa inmediatamente por sí misma», y añade: «Cuando se presente la alegría, abrámosle puertas y ventanas, porque nunca resulta inoportuna su llegada, pues la alegría destierra el estado angustioso de las almas. La alegría se mueve en un ambiente sano».

Sí, su trueno jovial, la carcajada, es como la descarga eléctrica que purifica la atmósfera.

Amado Nervo se nos exalta hablándonos de la alegría, para que seamos siempre positivos, cuando nos dice:

«¡Alégrate si eres pequeño; alégrate si eres grande; alégrate si tienes salud; alégrate si la has perdido, para así recuperarla. Alégrate si eres pobre; si eres rico, alégrate. Pero, eso sí. Alégrate, siempre, siempre, siempre».

Pero no tengamos una alegría vacía y sin sentido, sino una alegría razonada y con motivo, que ya Marco Aurelio nos dejó dicho: «La alegría se encuentra en el fondo de todas las cosas, pero a cada uno le corresponde extraerla».

Si eso es cierto, intentemos hoy, amigo lector, extraer alegría de las cosas que nos rodean, del día que vivimos, de la casa que habitamos, de la familia que tenemos, del trabajo que hacemos, de los amigos que nos aprecian, de todas las cosas que hay a nuestro alrededor. ¡Extraigamos alegría!

Pues ya dice un proverbio chino: «Casa de paja donde se ríe es mejor que palacio donde se llora». A fin de cuentas, la alegría prolonga la vida y da salud.

*Sí, amigo lector. Sigamos este impulso positivo:*

¡ABRAMOS PUERTAS Y VENTANAS A LA ALEGRÍA!

*Así tendremos limpio y feliz nuestro interior.*

# ¡VEAMOS LA PARTE POSITIVA DE LA AMBICIÓN!

*Es un imán que tira de nosotros.*

Fue precisamente Miguel de Cervantes quien valoró el sentido positivo de la ambición con una sencilla, pero profunda frase:

«Ambición es, ¡pero ambición generosa!, la de aquel que pretende mejorar su estado sin perjuicio de tercero».

Que, según Jean François Collin, «muchas veces, lejos de ser un vicio, la ambición es una virtud».

¿Cómo es posible que esto pueda ser cierto? ¡Sí! Sólo cambiando el objetivo, cambia el sentido de la ambición.

No ambicionemos ser *más* que los otros. Ambicionemos ser más que nosotros mismos. Los jugadores de tenis para ganar tienen que vencer a su contrario. Los jugadores de golf tienen que vencer al campo, o sea vencerse a sí mismos, mejorar su propia marca.

Ésta es la parte positiva de la ambición. Desear algo que, para conseguirlo, nos exige esforzarnos y mejorar.

Francesco Guicciardini escribió: «Ambicionar honores y gloria es laudable y útil al mundo, porque hace pensar a los hombres en hacer cosas excelsas y geniales».

Y también lo dice Herbert cuando escribe: «Llega más alto quien mira a la luna, que quien apunta a un árbol».

Pero fue don Miguel de Unamuno quien nos aclaró el sentido positivo de la ambición con estas palabras: «Sube, sube, pues, para que te broten alas, que, deseando volar, te brotarán. Sube, pero no quieras, una vez arriba, arrojarte desde lo más alto para asombrar a los hombres. Sube sin miedo y sin temeridad. ¡Ambición y nada de codicia!»

*Sí, amigo lector. Sigamos este impulso positivo:*

¡VEAMOS LA PARTE POSITIVA DE LA AMBICIÓN!

*Es un imán que tira de nosotros.*

# ¡INUNDEMOS LA TIERRA CON EL MAR DE LA AMISTAD!

*Seamos todos «amigos para siempre».*

EL ÚLTIMO DÍA DE 1992, AÑO DE LOS JUEGOS OLÍMPICOS, celebrados en mi ciudad, Barcelona, recibí un mágico e inesperado obsequio: una ola del mar Mediterráneo.

Sí, amigo lector. Has leído bien: Yo recibí, en mi casa de Tiana, una ola del mar Mediterráneo.

Era una de las onduladas faldas móviles que centenares de voluntarios lucieron en la ceremonia inaugural de los Juegos Olímpicos para simular, con una enorme danza en el interior del amplio Estadio de Montjuïc, nuestro Mare Nostrum.

Me la envió mi amigo Luis Bassat, organizador de las ceremonias, hombre sensible y creativo como pocos, con una nota que decía «Como símbolo de nuestra gran amistad».

La nota añadía: «El mar inundó la tierra, llenándola de magia y emoción. Desde hoy, esta gota de mar será, para siempre, lo que tu fantasía quiera imaginar. Una escultura, un móvil, un plafón para el techo, un elemento de decoración».

Te aseguro, amigo lector, que me impresionó el recuerdo de mi amigo y quise celebrarlo de una manera original y sentida.

Aquella misma noche, una vez sonadas las doce campanadas, el grupo de amigos que pasábamos juntos la cena de Nochevieja salimos al jardín y, en una ceremonia cordial e íntima, desplegamos aquella gota de agua, vistosa y amplia falda, como símbolo de nuestro deseo de feliz año nuevo al mundo entero.

Fue un momento en que el mar de la amistad «inundó la tierra, llenándola de magia e ilusión».

*Sí, amigo lector. Sigamos este impulso positivo:*

¡INUNDEMOS LA TIERRA CON EL MAR
DE LA AMISTAD!

*Seamos todos «amigos para siempre».*

# ¡EVITEMOS PERDER AMIGOS!

*Es un tesoro difícil de encontrar.*

UNA AIROSA COPLA SEVILLANA NOS RECUERDA: «Cuando un amigo se va, algo se muere en el alma». Porque más importante que hacer nuevos amigos es conservar los que ya tenemos; sobre todo, evitar perderlos. Que no se nos vayan.

No es fácil hacer un amigo. A veces, lo hemos forjado a través de años. Y sabemos que es un amigo por las muestras que nos dio en los momentos difíciles.

Yo tengo varios amigos. Pero hay uno que siempre está junto a mí, en los momentos duros, «como la sangre en la herida».

Pensemos, amigo lector: ¿Cuáles son nuestros mejores amigos? ¿Tenemos pocos? Quizá no importe el número, pero lo valioso es que exista esa relación afectiva que llena a quien la da: la amistad. ¿Nuestra pareja es nuestra amiga? ¿Nuestros hijos son nuestros amigos? Porque la naturaleza nos los da, pero nosotros hemos de consolidarlos como amigos. No perderlos.

Emerson dejó escrito algo importante: «La única manera de tener un amigo es siéndolo». Podríamos añadir que la mejor manera de no perderlo es aceptarlo y respetarlo.

Pitágoras, el matemático, dijo: «Escribe en la arena las faltas de tus amigos». Sí, ése es un punto clave en la relación de amistad. Como un proverbio persa nos advierte: «Quien difama a un amigo revela sus propias taras».

Respetemos al amigo que tengamos, que difícil nos será, quizá, encontrar otro. Hagamos como Joubert recomienda: «Cuando mis amigos son tuertos, los miro de perfil».

Sí, amigo lector, no contemos lo que nos falta: nuevos amigos. Sino, valoremos lo que tenemos: Buenos amigos.

*Sigamos este impulso positivo:*

¡EVITEMOS PERDER AMIGOS!

*Es un tesoro difícil de encontrar.*

# ¡SEAMOS NUESTRO MEJOR AMIGO!

## *Así lo seremos también de todo el mundo.*

SÉNECA TENÍA, ENTRE SUS PENSAMIENTOS, ESTE IMpulso positivo: «Sabed que, cuando uno es amigo de sí mismo, lo es también de todo el mundo».

Sí, amigo lector. Seamos nuestro mejor amigo. Sincero, leal, afectuoso. Es el mejor camino para serlo después con los demás.

Y, si deseamos saber cómo es un amigo, oigamos al poeta cuando dice:

Un amigo es
quien, cuando tú estás confuso,
él mantiene por ti la cabeza clara.

Un amigo es
el que, cuando tienes un problema,
no te da la solución,
pero te ayuda a que salga a flote
la que dentro de ti tienes latente.

Un amigo es
quien nunca te dice lo que has de hacer,
pero siempre te da confianza para hacerlo.

Un amigo es
quien te hace sentir bien
en cada contacto con él
logrando emerger de ti lo mejor de ti mismo.

Un amigo es
quien te da paz
cuando tu sientes angustia.

Un amigo es
quien al ser todo eso
te inspira a ser tú también así.

*Sí, amigo lector: Sigamos este impulso positivo.*

¡SEAMOS NUESTRO MEJOR AMIGO!

*Así lo seremos también de todo el mundo.*

# ¡IMPROVISEMOS NUESTRA ALEGRÍA!

*Elevaremos nuestro estado de ánimo.*

HACE UNOS AÑOS APARECIÓ UN ESLOGAN PUBLICITARIO que se hizo popular. Decía: «¡Vaya por la vida alegre, hombre!». Me gustó. Era animado, juncal y estimulante. ¿Por qué no nos lo decimos a nosotros mismos alguna vez? Todo serían beneficios si siempre fuéramos con alegría por la vida.

El pensador Schopenhauer escribió: «Nada puede reemplazar a todos los bienes tan completamente como la alegría, mientras que a ella misma nada puede reemplazarla».

Si pensamos en ello, veremos que, aun teniendo motivos para estar alegres, a veces no lo estamos. ¿Por qué? Porque se nos mete el gusanillo de la preocupación, y ¡adiós alegría!

Porque según Shakespeare: «Ausente la alegría, la pena está de continuo presente». ¡No demos ocasión a que la pena mine nuestro interior!

Siempre hay un motivo para estar alegre. Y si no sabemos encontrarlo, improvisemos nuestra alegría. Y eso nos lo dice un pensador racional y lógico por excelencia, como Descartes: «Con frecuencia una alegría improvisada vale más que una tristeza cuya causa es verdadera». Sepamos pues improvisar nuestra alegría.

Bergson dice: «Siempre que hay alegría, hay creación. Mientras más rica la creación, más profunda la alegría». Que como Rubén Darío dijo:

«Es la limpieza, la salud del cuerpo y la salud del alma, la alegría».

Y si todos los grandes pensadores no fueran suficientes para que hoy tuviéramos alegría, recordemos el refranero castellano cuando dice: «¡Vale más un día alegre con medio pan, que uno triste con un faisán».

¡Vayamos por la vida alegres!

*Sí, amigo lector. Sigamos este impulso positivo:*

¡IMPROVISEMOS NUESTRA ALEGRÍA!

*Elevaremos nuestro estado de ánimo.*

# ¡MANTENGAMOS ALTO NUESTRO ESTADO DE ÁNIMO!

*Todo lo demás son insignificancias.*

EL ESTADO DE ÁNIMO DE UNA PERSONA ES LA FUERZA que imprime su marcha ¿Cómo está su estado de ánimo, amigo lector?

Nosotros no somos totalmente nosotros mismos si nuestro estado de ánimo está bajo. Más, ¿cómo elevarlo?

Goethe nos da un consejo: «Entrégate a la actividad y, poco a poco, se irá levantando tu ánimo; no descanses, no te vuelvas nunca atrás».

A veces hemos de actuar con energía para que las circunstancias no nos cambien el ánimo. Honoré de Balzac nos lo aconseja cuando dice: «La tragedia no me matará. Seré yo quien le retuerza el pescuezo».

Otra manera de elevar nuestro ánimo es animando a los demás. Y esto funciona, y éste es el consejo del propio Nietzsche cuando nos asegura: «Nuestro estado de ánimo habitual depende del estado de ánimo que sabemos infundir a los que nos rodean». Naturalmente. Si intentamos ayudar a una persona que se encuentra con la moral baja, forzosamente este mismo esfuerzo nos ayuda por reflejo a nosotros mismos.

Y Saavedra Fajardo nos aconseja como si de un arquitecto se tratara: «No hay ruina que, con sus propios fragmentos y con lo que la buena disposición puede ir añadiendo, no se pueda levantar y construir sobre ella una nueva casa».

Hemos leído tres pensamientos: uno nos invita a la acción, otro nos anima a elevar el ánimo de otra persona y un tercero nos habla de construir sobre las ruinas.

Estas y otras orientaciones más pueden ayudarnos a mantener siempre alto nuestro estado de ánimo.

Que el deber de toda persona ante la vida es seguir siempre adelante.

Como Dostoyevski decía: «¡Hay que querer! ¡Hasta el extremo de alcanzar el fin que nos hemos propuesto! Todo lo demás son insignificancias».

*Sí, amigo lector. Sigamos este impulso positivo:*

¡MANTENGAMOS ALTO NUESTRO ESTADO DE ÁNIMO!

*Todo lo demás son insignificancias.*

# ¡EVITEMOS APLAZAR LAS COSAS!

## *Así acabaremos la labor a tiempo.*

CUENTAN QUE, CIERTA VEZ, UNA SEÑORA CONFECCIONÓ personalmente el vestido que había de lucir su hija el día de su primera comunión. Cuando lo tuvo listo se lo mostró a su madre, muy orgullosa:

—¿Qué te parece?

—Muy bonito —apreció la abuela—, «pero le faltan las cintitas».

Tan sólo quedaba pendiente este último detalle para que estuviera completamente acabado el vestido: las cintitas.

—¡Ah! No tiene importancia —contestó la madre—. Es un pequeño detalle.

Un día de éstos las compraré y, en un momento, se las coseré al vestido.

Pasaron los días y la abuela de vez en cuando le preguntaba:

—Hija ¿y las cintitas?

—No seas pesada, mamá. Aún hay tiempo —contestaba la hija, confiada.

Fueron transcurriendo los días y, ya habrá adivinado, amigo lector, qué le faltó al vestido al ir a estrenarlo la niña. ¡Naturalmente! Le faltaron las cintitas.

Bien cierto que, al conocer esta historia, más de uno de nosotros ha recordado algo similar que le ocurrió una vez o quizá le está ocurriendo ahora.

Es posible que tengamos algo acabado, o casi acabado, pero le falta un detalle. Sólo un detalle. ¡Bah! Eso no tiene importancia. ¡Sólo son las cintitas!

Recordemos a Miguel de Cervantes, cuando dice:

Por la calle del Ya Voy
se va a la Plaza del Nunca.

Sí, amigo lector, uno de los mayores ladrones de nuestro tiempo es eso que llamamos el aplazamiento. Lo que en el refranero popular oímos: «No dejes para mañana lo que puedas hacer hoy».

*Amigo lector. Sigamos este impulso positivo:*

¡EVITEMOS APLAZAR LAS COSAS!

*Así acabaremos la labor a tiempo.*

# ¡APRECIÉMONOS A NOSOTROS MISMOS HOY!

## *Será más fácil, entonces, que los demás nos respeten.*

CUENTAN QUE CIERTA VEZ EN UNOS ESTUDIOS DE Hollywood estaban conversando un conocido director de cine y un reputado psicólogo que acababa de tener un gran éxito con un libro sobre las relaciones humanas.

En plena conversación irrumpió en el despacho una estrella de cine, muy popular, quien, sin percatarse de la visita, se dirigió al director de cine, lamentándose, casi desesperada, de cuán horrible se veía en la película que estaba filmando, diciendo que no se gustaba como lo hacía, que se sentía acabada, en lo peor de su carrera. ¡No cesó, en ningún momento, de hablar mal de ella misma!

El director trató de calmarla diciéndole que no tenía razón, que las escenas filmadas habían quedado muy bien y que ella continuaba siendo una gran estrella. Acto seguido le presentó al psicólogo allí presente.

La artista, al conocerlo, le dijo: «Yo he leído su

libro y le puedo asegurar que siempre aplico sus principios de relaciones humanas. Le felicito».

Una vez la artista, más calmada por la positiva impresión del director, hubo salido del despacho, el psicólogo comentó:

«Dice que aplica los principios de relaciones humanas que yo he escrito y ha estado contraviniéndolos todo el rato, sobre todo el primero de ellos, que dice: «Si no nos queremos a nosotros mismos, ¿quién nos va a querer? Tú eres la persona a la que con más respeto, cuidado y afecto has de tratar».

Todos los psicólogos están de acuerdo en considerar cuán importante es apreciarse uno a sí mismo.

Quizás a usted le pase algo similar a lo que sucedió a nuestra artista. ¡Evitemos criticarnos, menospreciarnos, buscar que los demás nos compadezcan!

Sí, amigo lector. ¡Apreciémonos a nosotros mismos. Parece un principio demasiado simplista, pero las cosas simples son siempre las más profundas. Apreciémonos como somos ¡Ahora mismo! No esperemos mejorar. No pongamos condiciones a nuestro afecto. Si no estamos dispuestos a apreciarnos a nosotros mismos hoy, tampoco nos vamos a querer mañana, porque, cualquiera que sea la disculpa que tengamos hoy, la seguiremos teniendo en el futuro.

*Sí, amigo lector. Sigamos este impulso positivo:*

¡APRECIÉMONOS A NOSOTROS MISMOS HOY!

*Será más fácil, entonces, que los demás nos respeten.*

# ¡ACUDAMOS A NUESTRA PROPIA LLAMADA!

## *Aprenderemos a vencernos a nosotros mismos.*

EN LA OBRA *ENRIQUE IV*, EL CONSEJERO MAGO Glendower se vanagloria ante un grupo de poder conjurar a los seres sobrenaturales para que salgan de las profundidades:

—¡Yo puedo llamar a los espíritus para que vengan ante mí desde las vastas profundidades del Océano!

A esto responde el Caballero Hotspur:

—¡Claro! Y yo también puedo hacerlo, y cualquier persona a quien se le ocurra, pero… ¿es que acaso acudirán a la llamada?

Éste es el tema de este impulso positivo, amigo lector: ¿Acudirán a nuestra llamada?

Cualquiera puede decirse a sí mismo que debe tener mayor control, ser más agradable con los demás, actuar con más decisión, acabar una labor determinada hoy en vez de aplazarla hasta mañana, pero la cuestión es ésta: Sólo una persona con dominio y autodisciplina puede obligarse a hacer lo que él mismo está diciendo que haga.

Y esto no depende del talento. Cada día vemos a personas con talento gastando inútilmente sus habilidades, mientras otros menos dotados logran resultados.

Tampoco depende sólo de la formación, ya que conocemos a personas indolentes de buena educación y conocimientos, mientras hay individuos que alcanzan éxitos resonantes con un mínimo de instrucción. Ni tampoco de la suerte que podemos tener a veces, a corto plazo, porque no es posible una racha continua de suerte toda la vida. Un coeficiente de inteligencia superior no da seguridad en cuanto al éxito, y, en cambio, vemos inteligencias medianas alcanzar beneficiosos resultados.

¿Qué tienen esas personas que acuden a su propia llamada? Una sola cosa: autodisciplina, y por eso vencen. ¿A los demás? No, que, como decía Calderón: «La mayor victoria está en vencerse a uno mismo». Y el rey de cien batallas, el propio Napoleón, dejó escrito: «Las únicas conquistas que son permanentes son las conquistas sobre nosotros mismos».

Sí, acudamos a nuestra propia llamada al levantarnos por la mañana. A la llamada de hacer determinado estudio. A limpiar aquello pendiente hace días. A hacer lo que nos proponemos hacer, sin que ningún policía nos vigile para que lo hagamos. Y si lo logramos una vez, podemos lograrlo dos, que, como el poeta francés Corneille dijo: «Quien se vence una vez puede vencerse siempre».

*Sí, amigo lector. Sigamos este impulso positivo:*

¡ACUDAMOS A NUESTRA PROPIA LLAMADA!

*Aprenderemos a vencernos a nosotros mismos.*

# ¡NO NOS LAMENTEMOS!

*Las lágrimas no nos dejarán ver las estrellas.*

RABIDRANATH TAGORE NOS LO DEJÓ ESCRITO: «Si lloras por haber perdido el sol, las lágrimas no te dejarán ver las estrellas».

Y lo que es aún más. Quizás en nuestra adversidad exista una posibilidad oculta que podríamos ver con ojos limpios. Como nos dice este poema:

¡Basta ya de lamentarme!
No puedo volver atrás.

Cuando pasó ya ha ocurrido
y lo hecho ¡hecho está!
Ni una sola de mis quejas
lo pueden rectificar,
que el agua va río abajo.
¡Nunca más ya subirá!

Pues no existe aquí en la Tierra,
como en Saturno ¡quizá!
un anillo que, al pasado,
nos pueda a todos llevar
y bajar en cualquier tiempo
para volver a empezar.

¡Basta ya de lamentarme!
No puedo volver atrás.

Yo necesito ojos nuevos
para saber encontrar,
en las cosas que han cambiado,
mi buena oportunidad.
Lo positivo que existe
en la raíz de mi mal.

Pues sé que, con esos ojos,
al yo poder valorar
esa posibilidad oculta
que me ha traído el azar,
sabré ver el beneficio
de mi propia adversidad.

¡Basta ya de lamentarme!
No puedo volver atrás.

*Sí, amigo lector. Sigamos este impulso positivo:*

¡NO NOS LAMENTEMOS!

*Las lágrimas no nos dejarán ver las estrellas.*

# ¡PASEMOS LA VÍA DEL FERROCARRIL PARA AYUDAR A ALGUIEN!

*Quizás así logremos encontrar paz interior.*

CUENTAN QUE CIERTA VEZ EL FAMOSO PSIQUIATRA Karl Menninger se encontraba en Nueva York contestando a preguntas del público después de haber dado una conferencia sobre salud mental.

Alguien le preguntó: «¿Qué le recomendaría usted a una persona, si notaba que se le aproximaba una crisis nerviosa, un gran bajón, un estrés?»

Sin duda, la mayoría de la concurrencia esperaba que el doctor Menninger respondería: «Que vea a un psiquiatra», mas no fue así. Debieron de asombrarse con su respuesta. Dijo: «Que cruce la vía del ferrocarril (en Norteamérica cruzar la vía del ferrocarril significa dirigirse al barrio más pobre del pueblo), que busque a alguien necesitado y haga algo para ayudarle».

La respuesta del doctor Menninger es fundamental. Y su capacidad de resolver problemas es universal.

Todo gran maestro, filósofo, psiquiatra o persona directiva que comprende realmente a las personas y su angustia interior da un gran énfasis a este punto básico.

El principio del doctor Menninger es bien sencillo: «La mayoría de nuestros problemas personales tiene su solución centrando nuestra atención no en nosotros mismos, sino en los demás».

Probemos hoy, amigo lector. No esperemos a mañana. El principio es aplicable. Funciona. Evitemos que se aproxime un bajón mental, un estrés.

*Sigamos este impulso positivo:*

¡PASEMOS LA VÍA DEL FERROCARRIL PARA AYUDAR A ALGUIEN!

*Quizás así logremos encontrar paz interior.*

# ¡AYUDEMOS A LOS DEMÁS!

*Es una forma de ayudarnos a nosotros mismos.*

Eso nos dejó dicho Tolstoi: «Quien haga sufrir al prójimo, se perjudicará a sí mismo. Quien ayuda al prójimo se ayuda a sí mismo».

Y fue Jean de La Fontaine quien, en sus fábulas, nos recordaba: «Es necesario ayudarse mutuamente. Tal es la ley de la naturaleza».

Pero que nuestra ayuda sea inteligente, activa y que facilite el inicio a los demás, como decía Pitágoras: «Ayuda a tus semejantes a levantar su carga, pero no a llevársela tú».

Hagamos como reza el proverbio francés: «Ayuda a nadar al otro aguantándole la barbilla».

Sigamos, pues, la orientación de este poema buscando la propia felicidad en la mutua ayuda:

Me siento muy a gusto siendo rueda
que gira y gira ayudando a los demás.
Me siento muy a gusto siendo pieza
del engranaje de la humanidad.

Soy una gota de río que avanza
y ola soy, subiendo la marea,
brizna de paja, oculta en las ramas,
de humilde choza de una vieja aldea.

Me muevo al ritmo que se mueven otros
arriba y abajo, aquí y allá,
ignorando, aun viviendo entre ellos,
ni de dónde vienen ni a dónde van.

Pero soy feliz sintiéndome rueda
que gira siempre sin parar
o siendo una brizna de paja, quieta.
Pues mi vida es eso... ¡colaborar!

*Sí, amigo lector. Sigamos este impulso positivo:*

¡AYUDEMOS A LOS DEMÁS!

*Es una forma de ayudarnos a nosotros mismos.*

# ¡ESPEREMOS, ADAPTÉMONOS Y COLABOREMOS CON LOS CAMBIOS!

## *Que cambiar es la forma natural de vivir.*

LAS COSAS CAMBIAN. LO ÚNICO QUE NO CAMBIA ES LA ley del cambio. Pensemos, amigo lector, en las cosas que han cambiado en los últimos años. En el mundo y en lo que nos afecta más: en nuestra familia, en nuestro contorno social y en nosotros mismos.

Quizá, día a día, no nos damos cuenta de que todo cambia.

Como ejemplo, permítame explicarle algo curioso que me contó un responsable de la expedición Tximist de Vitoria, cuando, en 1974, ésta intentó alcanzar la cima del Everest, en la cordillera del Himalaya, antes de que, años después, lo consiguieran Martín Zabaleta y el grupo de Conrado Blanch.

Estando situados a pocos kilómetros de la cúspide —ya que llegaron a 300 metros de la misma, pero no pudieron alcanzarla por culpa de un viento huracanado de 120 kilómetros por hora— cada madrugada salían del campamento base, en dirección al grupo avanzado, unos escaladores para reavituallar a sus compañeros. Pues bien, durante la noche, el movimiento suave del glaciar había destrozado las señales dejadas el día anterior, los puentes y las escaleras de duraluminio y borrado los trazos del camino. Todo había cambiado. No era nada igual.

Así ocurre en nuestra vida, pero cada día con mayor rapidez. Y es que, en la antigüedad, nada cambiaba durante siglos. Ahora, en la actualidad, año a año, mes a mes, todo cambia. El cambio se produce de una manera sorprendente. El mundo cada vez da vueltas más deprisa. Paul Valéry decía: «El futuro ya no es el mismo que era». ¿Algo lejano? No, amigo oyente. El futuro está cada día más cerca. Casi podríamos decir, como Alvin Toffler, que «el futuro ha empezado ya». Que ayer ya no es noticia y que el hoy es el mañana del ayer.

¿Qué actitud adoptar ante el cambio? Hay personas que se resisten, que se quejan, que intentan detenerlo no cambiando ellos, pero ya se dice: «Quien no cambia, retrocede». No, no podemos retroceder, amigo lector, ante un mundo que cambia con tal rapidez.

Como no podemos evitar el cambio, sólo podemos adoptar tres actitudes:

1.ª Esperar los cambios. No sorprendernos por ellos. Porque si ocurren cosas nuevas, van a ocurrir muchas más.

2.ª Adaptarnos al cambio y procurar beneficiarnos de su corriente.

3.ª Colaborar con el cambio. Es más, provocarlo para que no nos sorprenda.

*Sí, amigo lector. Sigamos este impulso positivo:*

¡ESPEREMOS, ADAPTÉMONOS Y COLABOREMOS CON LOS CAMBIOS!

*Que cambiar es la forma natural de vivir.*

# ¡CANTEMOS, CUANDO TENGAMOS OCASIÓN!

*Es muy bueno para el cerebro.*

SÍ, AMIGO OYENTE. CANTAR ES BUENO PARA EL CEREbro. Nos lo dice el doctor Arthur Winter en su libro *El poder de la mente*. Ayuda a recordar palabras con más facilidad y brinda una satisfacción mayor que la palabra hablada. Estimula un área cerebral diferente de la del lenguaje y brinda la posibilidad de expresar emociones. Porque lo curioso es que el canto y el habla provienen de diferentes áreas. Mel Tillis, cantante popular, tartamudeaba al hablar, pero, sin embargo, podía cantar sin dificultades.

El doctor Shetler de Rochester ha llegado a afirmar:

«El canto es una de las mejores terapias para la mente y el cuerpo. Brinda la oportunidad de ampliar las vocales. El habla corriente no lo hace, pero una nota prolongada puede lograrlo. De esta manera el canto ejercita la faringe y las cuerdas de la garganta y envía mensajes positivos al área del cerebro que recibe la música y los sonidos vocales. Todos los músculos se fortalecen con el ejercicio, y el aparato respiratorio está formado por músculos. Además —nos dice el Dr. Shetler— el canto es divertido, sobre todo si cantamos canciones conocidas y las grabamos. Luego podemos disfrutar escuchándonos a nosotros mismos».

Animémonos a cantar. El ama de casa, cuando hace las camas o prepara la comida. Nosotros mismos, si conducimos un coche, durante el viaje (si vamos solos, ¡claro!). Si trabajamos manualmente. Si paseamos por el campo. Aprovechemos cualquier ocasión que se nos presente para cantar.

El canto puede combatir nuestra soledad. Es el único arte en el que podemos ser ejecutantes y oyentes a la vez. Podemos ejecutar sólo para nosotros y no dependemos de los demás para sentirnos a gusto.

*Sí, amigo lector. Sigamos este impulso positivo:*

¡CANTEMOS, CUANDO TENGAMOS OCASIÓN!

*Es muy bueno para el cerebro.*

# ¡COMPROMETÁMONOS CON NOSOTROS MISMOS!

*Eso nos ayudará a esforzarnos en cumplir lo prometido.*

William James, el padre de la Escuela Pragmática, escribió una vez: «El recuerdo de haber hecho una promesa o juramento induce a una persona a hacer esfuerzos que, de otro modo, no haría».

Comuniquemos a nuestra esposa, a nuestro jefe, a nuestros amigos, un compromiso para lograr algo. Esto nos obligará a conseguirlo. De otro modo, nos sentiremos avergonzados si no lo hiciéramos.

Se cuenta que en Australia, hace años, alguien hizo publicar en el periódico de su localidad un anuncio diciendo que se comprometía a dejar de beber. Le resultó difícil volverse atrás.

También dicen que, cierta vez, un príncipe ruso escribió a su esposa una carta con este párrafo: «Cuando se me hace difícil lograr alguna cosa, me comprometo, dando mi más solemne palabra de honor, a hacerlo. Si fuera capaz de quebrantar mi promesa, me perdería todo el respeto que me tengo a mí mismo».

Si queremos que nuestros compromisos tengan más fuerza, hagamos algo original. Comprometámonos con nosotros mismos. Repitamos nuestra propuesta, cada mañana, ante el espejo. Su fuerza de sugestión actuará en nuestro ánimo.

*Sí, amigo lector. Sigamos este impulso positivo:*

¡COMPROMETÁMONOS CON NOSOTROS MISMOS!

*Eso nos ayudará a esforzarnos en cumplir lo prometido.*

# ¡DIGAMOS LAS COSAS DE MANERA QUE NO PUEDAN SER MALENTENDIDAS!

*Así mejoraremos nuestra comunicación.*

SE CUENTA, COMO ANÉCDOTA, QUE CIERTA VEZ UNA madre quiso ser ella la primera en dar la noticia a su hijo, un niño de cinco años.

«¿No lo sabes? ¡Vas a tener un hermanito!» El muchacho, muy contento, lo comunicó al día siguiente a sus compañeros de colegio, celebrándolo.

Pasaron los meses y la madre, en un arranque de confianza, un día le dijo al chico: «¿Sabes dónde está tu hermanito? ¡Está aquí!» Y, al decirlo, le señaló su barriga, ¡bastante crecida ya!

El niño se fue aquel día triste al colegio y estuvo taciturno toda la mañana, sin querer salir al recreo. El maestro, al apercibirse de ello, intentó animarle.

«¿Qué te pasa? ¿No estás acaso contento porque vas a tener un hermanito?», a lo que el niño le contestó: «¿No lo sabe usted? ¡Ya no lo voy a tener!», «¡Claro que sí! ¿Por qué dices que no?». «¡Ah! ¡No, señor profesor! ¡Mamá se lo ha comido!»

Quizá nos parezca ingenua esta anécdota, amigo lector, pero, a poco que recordemos, vendrá a nuestra mente algún malentendido que sufrimos también nosotros alguna vez.

Que como Quintiliano, el filósofo de Calahorra, dejó escrito: «Hemos de decir las cosas de manera que no puedan ser malentendidas».

También la expresión «cambiar de camisa» puede ser malentendida. Se entiende de manera muy distinta en un taller mecánico que en un partido político; para un montañero, es cambiar la camiseta al Petromax de petróleo y para una madre de ocho niños que juegan y ensucian la ropa es todo un problema.

Y es que el significado de las palabras no está dentro de las palabras, sino dentro de nuestras cabezas.

*Sí, amigo lector. Sigamos este impulso positivo:*

¡DIGAMOS LAS COSAS DE MANERA QUE NO PUEDAN SER MALENTENDIDAS!

*Así mejoraremos nuestra comunicación.*

# ¡CUIDEMOS LAS ÚLTIMAS PALABRAS!

*Dejan un recuerdo permanente.*

SÍ, AMIGO LECTOR. TENGAMOS PRESENTE ESTE IMPULSO positivo: en cualquier visita que hagamos, en una reunión, en un encuentro casual, en una entrevista importante, en toda relación humana, al despedirnos cuidemos mucho las últimas palabras que digamos. Son la imagen permanente que queda en la mente de la otra persona.

A poco que recordemos, amigo lector, apreciaremos que también nos ha pasado a nosotros. Alguna vez, al despedirnos, la otra persona ha dicho una frase determinada. Quizá no tenía un gran sentido, pero en nuestra cabeza ha seguido circulando y hemos pensado: «¿Qué habrá querido decir, diciéndonos aquello?», cuando en realidad no había ninguna intención.

O quizá nosotros, al despedirnos, hemos hecho una broma o soltado una frase sin sentido, pero, como eran las últimas palabras, éstas han sido subrayadas por el silencio de nuestra marcha. Adquirían importancia.

¡Cuidemos las últimas palabras, porque dejan un recuerdo permanente!

Pongamos un ejemplo. Puede ser que un director llame a un colaborador y le llame la atención por un error cometido. El comentario es negativo, pero, como el director es consciente de la importancia de las últimas palabras, al despedirse le dice: «Y tranquilo, Juan, tengo confianza en usted. Y sé que esto no volverá a ocurrir». Estas palabras suavizan, estimulan, animan, dan confianza.

Lo contrario es: Si un director, por ejemplo, llama a un colaborador valorando un informe que ha hecho bien, pero al despedirse le dice: «¡Ah! y procure venir puntual cada mañana ¡eh!», estas últimas palabras serán las que perdurarán.

Y si cito estos casos es porque he sido testigo y he apreciado cómo afectaban, de una o de otra manera, a dos personas las últimas palabras.

*Sí, amigo lector. Sigamos este impulso positivo:*

¡CUIDEMOS LAS ÚLTIMAS PALABRAS!

*Dejan un recuerdo permanente.*

# ¡AÑADAMOS A NUESTRO VOCABULARIO UNA NUEVA PALABRA CADA DÍA!

*Enriqueceremos nuestra comunicación y robusteceremos nuestra voluntad.*

ESTE IMPULSO POSITIVO DE HOY, AMIGO LECTOR, ES una propuesta. Le animamos a que usted, que sigue con interés este libro, a partir de hoy incorpore a su vocabulario personal una palabra nueva cada día.

No se trata de buscar una palabra desconocida. Se trata de añadir, en la conversación normal, una palabra que no usamos, pero que, utilizándola, enriquecerá nuestra comunicación.

Aprender una técnica es conocer el significado

de un conjunto de palabras. Dominar una ciencia es dominar su vocabulario.

Como ejemplo, le puedo decir, amigo lector, que tengo un amigo que aplica esta idea y anota cada día una palabra nueva en la parte superior de su agenda de bolsillo, proponiéndose usarla normalmente.

Es posible que alguien pregunte: ¿Y qué ganaremos si lo hacemos?

Dos beneficios:

Uno será adquirir, día a día, una mayor riqueza expresiva, ir aplicando nuevas palabras y gamas del colorido de nuestro idioma y poder ir pintando mejores cuadros de expresión.

Y también ganaremos algo importante. Si conseguimos autodisciplinarnos para llevar a término este sencillo pero, a la vez, duro ejercicio diario, podremos robustecer nuestra voluntad.

¿Qué nueva palabra incorporaremos hoy a nuestro lenguaje personal? Le invitamos a que la elija usted mismo. ¡Bienvenida sea!

*Sí, amigo lector. Sigamos este impulso positivo:*

¡AÑADAMOS A NUESTRO VOCABULARIO
UNA NUEVA PALABRA CADA DÍA!

*Enriqueceremos nuestra comunicación*
*y robusteceremos nuestra voluntad.*

# ¡CONFIEMOS EN NOSOTROS!

*Siempre podremos volver a volar.*

EL POETA NOS DEJÓ ESCRITO: «EL PÁJARO CANTA ALEgre y confiado, aunque la rama cruja, porque conoce lo que son sus alas».

Tengamos fe en nuestras alas ¿Y cuáles son?

Para eso le invitamos, amigo oyente, a que haga usted mismo un inventario de sus valores, de sus alas.

¿Cómo se hace?, se estará preguntando. De una manera muy sencilla.

Coja una hoja de papel y tire una línea divisoria. A la izquierda ponga el siguiente título:

Cosas realizadas en mi vida conseguidas
con mi esfuerzo

Y en la columna de la derecha escriba cuál fue o cuáles fueron los valores, habilidades o cualidades personales que usted aplicó para conseguirlas.

Escriba usted todas las cosas que ha logrado de las que se siente satisfecho. Haga un repaso de su vida: En el colegio: primeros amigos; éxitos juveniles deportivos; satisfacciones profesionales; realizaciones en el hogar o en el trabajo. Anótelo todo. Todas las cosas buenas logradas. Y cuando tenga usted estas realizaciones escritas, ponga al lado *la razón* por la cual las consiguió, *gracias a qué le salieron bien*. O sea, las cualidades, valores y habilidades que usted puso para conseguirlo: creatividad, simpatía, amor a los hijos, conocimiento de un idioma, etc. Saldrán varias, muy dispares, pero siempre habrá unos valores que irán saliendo en todas sus realizaciones.

Escríbalas. Es un ejercicio muy divertido y a la vez le va a descubrir cuáles son sus alas. Son precisamente esas habilidades que le han dado resultados en su vida: sus alas.

Puede usted estar, como el pájaro, alegre y confiado aunque cruja la rama, porque conoce cuáles son sus alas y puede volver a volar.

*Sí, amigo lector. Sigamos este impulso positivo:*

¡CONFIEMOS EN NOSOTROS!

*Siempre podremos volver a volar.*

# CUANDO ALGUIEN NOS PIDA UN CONSEJO, ¡AYUDÉMOSLE A VER CLARO EL PROBLEMA!

*La solución es suya.*

HACE POCOS DÍAS UN AMIGO ME EXPLICÓ UN CASO que, por su interés, lo comento hoy, amigo lector.

Me dijo que había ido a visitarle un pariente para pedirle consejo. Desde el inicio de la visita estuvo hablando sólo él, explicándole el problema. Cuando acabó y le pidió consejo, mi amigo le ayudó a ver más claro el problema, repitiéndole todo cuanto él ya le había explicado.

En la conversación, el pariente, al ver su problema bien expuesto y reflejado, fue explicando los caminos que veía para solucionarlo. Pero fue él mismo quien iba exponiendo las soluciones. Mi amigo me aseguraba: «Yo no le di ningún consejo. Lo único que hice fue escucharle con mucha atención y repetir todo cuanto él me había dicho».

Más que un consejo, muchas veces las personas necesitan que les escuchemos. Tienen hambre y sed de silencio.

Este ejemplo del pariente de mi amigo me recuerda unos principios del psicólogo Carl Rogers, que ha creado una teoría que él llama «La orientación no directiva». Consiste en no decir a nadie lo que ha de hacer, no darle consejo alguno, sino irle repitiendo cuanto él nos va diciendo, para hacerle ver más clara la situación que a veces puede estar oscura en su mente. Orientarle viendo reflejado su problema. Con nuestra repetición le ayudamos a ver más clara la solución.

Sí, amigo lector, cuando próximamente alguien nos pida un consejo recordemos la teoría de Rogers. Utilicemos la técnica de «La orientación no directiva». Hagámosle ver más claro su problema, escuchándole y repitiendo su exposición.

*Sí, amigo lector. Sigamos este impulso positivo:*

CUANDO ALGUIEN NOS PIDA UN CONSEJO,
¡AYUDÉMOSLE A VER CLARO EL PROBLEMA!

*La solución es suya.*

# ¡DEMOS UN GOLPE DE PICO CADA VEZ!

*Con el tiempo desaparecerá la montaña.*

En Montcada i Reixac, cerca de Barcelona, ha desaparecido una montaña.

De niño, recuerdo que existían dos grandes picachos allí. Ahora sólo hay uno y a la larga desaparecerá también. Una gran fábrica ha convertido la piedra en polvo, en cemento para edificar.

Un antiguo refrán del Líbano subraya este hecho ocurrido a miles de kilómetros. Dice: «La paciencia allana las montañas». Y así ha ocurrido.

Con paciencia, pico a pico, barreno a barreno, el hombre eliminó una montaña. «Que un martillazo parece que no hace nada, pero arrímale diez o doce y verás cómo se conoce».

Sí, amigo lector. Es posible que ahora tengamos ante nosotros un objetivo o un problema, algo que parece una montaña. Seamos constantes, que la gota horada la piedra no por su fuerza, sino por su constancia.

Séneca nos dejó dicho: «Quien pretenda llegar a un sitio determinado, emprenda su camino y déjese de tantear muchos a un tiempo. Pues esto último no es caminar si no andar vagueando».

No existe cosa alguna que no pueda ser vencida por una labor asidua y constante y por un cuidado diligente y atento.

Demos tiempo al tiempo. Como dijo el perro al hueso: «Si tú estás duro, yo tengo tiempo», y hagamos como Alejandro Casona aconsejaba: «Si has empezado un camino, sigue adelante, a despecho de todas las circunstancias. No dejemos nada a medias, que el camino realizado nos acerca ya al final».

*Sí, amigo lector. Sigamos este impulso positivo:*

¡DEMOS UN GOLPE DE PICO CADA VEZ!

*Con el tiempo desaparecerá la montaña.*

# ¡DEMOS UNA PALETADA MÁS!

## *Quizás ahora hallemos tierra fértil.*

SE CUENTA QUE CIERTA VEZ UN ESCRITOR, EN SU FINca de los campos de Inglaterra, tuvo un momento de desesperación. Había escrito un extenso volumen, estaba casi acabado, mas al leerlo sintió que no le gustaba, que no era aquella la gran obra que él quería escribir, y, desengañado, lo cogió y lo echó a la papelera.

Después salió al campo a pasear y a tomar aire fresco para librarse de su preocupación. En el camino halló a un joven labriego que estaba cavando en la arena una enorme extensión de terreno.

—¿Qué haces? —le preguntó.

—Señor, estoy buscando tierra fértil. Lo hago a ratos perdidos.

—¡Aquí!

—Sí, señor. Mi abuelo empezó a cavar, con la convicción de que la encontraría, y mi padre siguió después. Por eso continúo también yo.

—Pero, si ellos no la encontraron, ¿por qué sigues tú?

—Señor —dijo entonces el labriego—. Si al dar yo esta paletada encuentro tierra fértil, ni el esfuerzo de mi abuelo ni el de mi padre habrán sido en vano. Habrán dado su fruto.

Ante aquella respuesta, el escritor sintió un brinco en el corazón: ¿Y si, bajo la arena de aquellas hojas escritas que acabó de tirar a la papelera, hubiera tierra fértil?

Inspirado, volvió a su despacho, puso en orden los los folios y volvió a repasar, pulir y releer de nuevo.

La obra que entonces acabó se titulaba *La ciudadela*, una de las mejores novelas de Archibald Joseph Cronin, el protagonista de nuestra anécdota.

Amigo lector. ¿Está usted a punto de tirar al cesto de los papeles alguna obra empezada que no le complace?

Recuerde: «El campo de la derrota no está poblado de fracasados, sino de personas que se cansaron de intentar».

Que como dijo el político Benjamin Disraeli: «El secreto del éxito está en la constancia del propósito».

*Sí, amigo lector. Sigamos este impulso positivo:*

¡DEMOS UNA PALETADA MÁS!

*Quizás ahora hallemos tierra fértil.*

# ¡SEAMOS CORTESES CON LOS DEMÁS!

*Invitaremos a devolver cortesía.*

GRANDES AUTORES HAN VALORADO LA IMPORTANCIA de la educación y cortesía en las personas.

Recordemos a Calderón de la Barca, que nos presenta al Alcalde de Zalamea dando consejos a su hijo:

Sé cortés sobremanera.
Sé liberal y esparcido,
que el sombrero y el dinero
son los que hacen los amigos
y no vale tanto el oro
como uno ser bien visto.

Y también Pío Baroja ensalza la cortesía de manera tal que la admite y proclama como fórmula de convivencia normal y corriente cuando dice:

«Para mucha gente, la cortesía es la exageración, el abrazo, la zalamería. Para mí, no; yo creo que han de ser las fórmulas de convivencia corrientes. Hay que vivir entre la gente, ni en zona ecuatorial ni en el Polo, sino sin exageraciones. Eso es ser cortés».

Y Juan Luis Vives nos aconseja ser espléndidos en cortesía:

«No seas escaso en ser cortés. No midas ni peses la cortesía, mirando cómo te la hacen otros para darles la misma medida. Antes, procura en cortesía ganar a los demás por la mano..., porque los modales que solemos descuidar como cosa insignificante son, a menudo lo que hace que los hombres decidan sobre nosotros en bien o en mal».

Si eso es así, en nuestras manos está el lograr que los demás decidan sobre nosotros en bien, siendo generosos en cortesía. Sigamos los consejos de Cervantes: «En la cortesía antes se ha de pecar por carta de más que de menos».

*Sí, amigo lector. Sigamos este impulso positivo:*

¡SEAMOS CORTESES CON LOS DEMÁS!

*Invitaremos a devolver cortesía.*

# ¡APROVECHEMOS LA CAPACIDAD CREATIVA DE NUESTRA MENTE!

*Resolveremos nuestros problemas y lograremos nuestros objetivos.*

SE CUENTA QUE, HACE UN TIEMPO, UN LEÑADOR DE los bosques del Canadá bajó al pueblo más cercano después de haber estado unos meses ausente. Se dirigió a un establecimiento de máquinas herramientas y útiles para la tala de árboles y pidió que le entregaran la sierra más moderna que tuvieran. La compró y se marchó dispuesto a cortar más árboles que nunca.

Al cabo de una semana, volvió de nuevo al pueblo. Se le veía agotado y a la vez furioso. Se dirigió al dependiente que le había dado lo que él creía la mejor sierra y le increpó: «¡Usted me ha engañado! Ésta no es la mejor sierra. Antes cortaba treinta árboles cada día y esta vez no he podido cortar más de diez».

El dependiente, muy extrañado, sin alterarse cogió la sierra, tiró con energía de la anilla de contacto del motor y éste empezó a funcionar correctamente, ante la satisfacción del vendedor.

Entonces, el leñador, asombrado, le preguntó: «Oiga. ¿Qué es este ruidito que hace la sierra?»

No se le escapa, amigo lector, que el leñador había estado utilizando una moderna sierra de motor como si fuera una vulgar sierra de vaivén.

Sea cierta o no esta anécdota, sirvámonos de ella para hacer una sencilla analogía: Nuestra propia mente es también como una sierra que funciona con motor. Aprendamos a manejarla. No la utilicemos torpemente como si fuera una sierra normal. Usemos el motor. Pensemos. Reflexionemos. ¡Seamos creativos!

Recordemos el pensamiento de Leonardo da Vinci: «El hierro se oxida si no se usa; el agua estancada pierde su pureza y cuando hace frío se hiela. De la misma forma, la inactividad puede atrofiar los poderes de la mente».

*Sí, amigo lector. Sigamos este impulso positivo:*

¡APROVECHEMOS LA CAPACIDAD CREATIVA
DE NUESTRA MENTE!

*Resolveremos nuestros problemas
y lograremos nuestros objetivos.*

# ¡EL TROZO DE SEDA ES GRATIS!

*Es el arte lo que vale.*

CUENTAN QUE CIERTA VEZ, EN PARÍS, LA ESPOSA DE UN diplomático tenía que asistir a una importante recepción en el Palacio del Elíseo y se lamentaba de no tener un sombrero adecuado a su nuevo vestido.

Acudió al mejor modista de París y la atendió una de las dependientas, que le mostró los mejores sombreros del lujoso establecimiento. Pero ninguno encajaba con el gusto de la señora.

A punto de marcharse, desengañada, preguntó por el creador, artista de la *boutique*, quien, saliendo amablemente, se interesó por la calidad, el color y las características del vestido que la señora iba a lucir en la fiesta.

Debidamente informado por la dama, desplegó un gran trozo de amplia cinta de seda. Hizo un hermoso lazo y lo sujetó, adaptándolo a la cabeza de la señora, quien, muy satisfecha, exclamó:

—Éste es el sombrero que yo deseaba. Muy bien. ¿Cuánto le debo?

—Son tres mil francos, madame.

La reacción de la señora, al parecerle el precio muy alto, fue inmediata:

—Pero ¿cómo? ¿Tres mil francos por un trozo de cinta?

El artista, imperturbable, deshizo el sombrero que había creado y, envolviendo delicadamente el tejido utilizado, con la mejor de sus sonrisas se lo ofreció a la dama diciendo:

—Madame. El trozo de cinta de seda es gratis.

Amigo lector. Esta anécdota nos puede hacer reflexionar sobre nuestra propia personalidad.

Cada uno de nosotros, en su contextura como persona física, cuerpo, ojos, manos, etc., es algo así como un trozo de cinta de seda.

Lo importante no es la tela, en la que todos somos más o menos iguales. Lo importante es la habilidad en convertir nuestra persona en una deseada prenda de vestir, en algo útil a los demás. Y ahí está el arte particular de cada uno.

*Sí, amigo lector. Recordemos alguna vez este impulso positivo:*

¡EL TROZO DE SEDA ES GRATIS!

*Es el arte lo que vale.*

# ¡CUIDEMOS NUESTRO DIÁLOGO INTERIOR!

## *Porque es lo que dirige nuestra acción y nuestra vida.*

ALGUNA VEZ, AMIGO LECTOR, NOS HEMOS SORPRENDIDO hablándonos a nosotros mismos. No era una conversación en voz alta, naturalmente, sino un silencioso e íntimo diálogo interior con nuestro otro yo.

Es posible que ahora recordemos algunas de estas conversaciones internas. Preguntémonos qué nos decíamos. A poco que evoquemos estos íntimos cambios de impresiones, apreciaremos que nuestros comentarios no eran precisamente de valoración o autoelogio, sino que, al contrario, nos poníamos verdes, nos quejábamos de nuestra actuación, nos lamentábamos por haber hecho algo mal o haber dejado de hacer algo bien.

Nuestros comentarios eran destructivos:

—No sirves para nada.
—¿Por qué dijiste aquello?
—Eres un desastre.
—Es una lástima…

¿Qué pasa entonces? Pues que lo que hacemos con este diálogo interior es influir en nuestra actitud de una manera tan negativa, que nos creamos nosotros mismos complejos de culpabilidad o sensaciones de autocompasión. Y eso disminuye nuestra confianza y nos quita seguridad, llegando a bloquear o disminuir nuestra acción.

Los psicólogos aseguran que este diálogo proviene de los primitivos mensajes que recibimos de nuestros padres y educadores cuando éramos niños. Como normalmente ellos nos llamaban la atención sobre las cosas que hacíamos mal, nuestra mente adquirió desde entonces la costumbre de regañarse, de reprenderse a sí misma.

El tratadista Zig Zigler dejó escrito: «Si sembramos un pensamiento, cosechamos una acción. Si sembramos una acción, cosechamos un hábito. Si sembramos un hábito, cosechamos un carácter. Y, si sembramos un carácter, cosechamos un destino».

Sí, amigo lector. Así como pensamos, así es como actuamos y así es como somos.

*Sigamos este impulso positivo:*

¡CUIDEMOS NUESTRO DIÁLOGO INTERIOR!

*Porque es lo que dirige nuestra acción y nuestra vida.*

# ¡SIGAMOS NUESTRA PROPIA DIRECCIÓN!

*Por encima del viento que sople.*

Cuando Juan de la Cierva inventó el autogiro, fue porque lo tenía claro en su mente.

En sus escritos hay textos que lo dicen. Recordémoslos: «He de hacer un avión que no sólo ascienda y descienda verticalmente con la suavidad de una paloma, sino que quede inmóvil en el aire como si estuviera sostenido por un hilo invisible». Y esa idea, martilleando incesante en su cerebro, le ayudó a crear eso: un avión para ir a derecha o izquierda, arriba y abajo por propia voluntad.

Vivamos siguiendo, en cualquier momento, la dirección más adecuada a nuestra marcha, como el autogiro, por encima del viento que sople.

Como cuando un navío va hacia el este y otro hacia el oeste, con los mismos vientos que soplan, porque es saber manejar el conjunto de velas, y no los vientos, lo que decide el camino a seguir.

Amigo lector. Que el motor de nuestra personalidad esté a nuestro servicio, como el autogiro, siempre dispuesto a elegir el mejor camino; que no hay nada malo en cambiar de dirección si estamos consiguiendo el objetivo.

Aprovechemos siempre los vientos que soplen, sean del este o del oeste, para que manejando el conjunto de las velas sepamos llegar al fin propuesto.

*Sí, amigo lector. Éste es nuestro impulso positivo:*

¡SIGAMOS NUESTRA PROPIA DIRECCIÓN!

*Por encima del viento que sople.*

# ¡DISFRUTEMOS DE LOS PEQUEÑOS DETALLES QUE NOS RODEAN!

*Por difíciles que sean los momentos que estemos pasando.*

AMIGO LECTOR: ¿CONOCE USTED LA HISTORIA DEL hombre angustiado que supo saborear una fresa?

Dicen que cierta vez un explorador se encontró en plena selva con una manada de leones que se le echaron encima. Empezó a correr y los leones le siguieron. Cuando creyó haberse alejado bastante, se halló al borde de un precipicio. Su camino estaba cortado y los leones estaban a punto de alcanzarle. Miró hacia abajo y vio un río, pero infestado de cocodrilos.

Los leones se acercaban, los cocodrilos le esperaban con sus fauces abiertas. Nuestro explorador vio entonces en el acantilado una enorme raíz, como un trampolín. Dio un salto y se agarró fuertemente a ella. Los leones rugían, los cocodrilos esperaban. Él se mantenía agarrado a la raíz.

Entonces se dio cuenta de que dos roedores estaban cortando con sus dientes la rama a la que se agarraba. La situación no podía ser peor. De pronto, algo le llamó la atención. Junto a él había una mata y en ella destacaba una enorme fresa, jugosa y llena de colorido.

El explorador la miró y delicadamente, para no estropearla, la cogió y se la llevó a los labios. ¡Estaba dulce y madura! ¡Qué bien le supo! ¡Cómo la saboreó mientras se la comía!

Esta historia me fue contada, hace un tiempo, por una persona que tenía grave a su padre, la situación económica era delicada y él también estaba enfermo.

Esta persona me dijo: «A pesar de todo, por terribles que sean las circunstancias que estemos atravesando, la vida puede ofrecernos en cualquier momento una fresa, sabrosa, dulce y madura. De nosotros depende el saber saborearla».

*Sí, amigo lector. Sigamos este impulso positivo:*

¡DISFRUTEMOS DE LOS PEQUEÑOS DETALLES
QUE NOS RODEAN!

*Por difíciles que sean los momentos*
*que estemos pasando.*

# ¡ACTUEMOS CON EFICACIA!

*Que si vale la pena hacer algo, vale la pena hacerlo bien.*

DISRAELI NOS DEJÓ DICHO: «ES CIERTO QUE A VECES la acción no da la felicidad, pero no hay felicidad sin acción».

Si esto es así, animémonos a actuar y actuar con eficacia, como dice el poeta en estos versos:

> Para ser eficaz en mi tarea,
> y éste es, para mí, el mejor momento,
> con el golpe de azada que estoy dando
> he de lograr que el surco quede abierto,

pues no es ser eficaz trabajar mucho,
sino hacerlo bien y a tiempo
y lograr que esa labor bien hecha
convierta en realidad un sueño.

Ser eficaz no es escalar bien,
sino llegar al pico ya propuesto,
no es tirar, sino dar en el blanco.
No es navegar, sino llegar a puerto.

Yo lo seré si llega a ser espiga
la semilla de trigo que ahora siembro
para que, junto a harina de otros granos,
sea ella eficaz hecha pan tierno.

Que si sólo estos versos aquí unidos
ayudan a impulsar un sentimiento
y hay alguien que se sienta más capaz
de ver en la tarea un nuevo reto,
eficaz habrá sido mi labor:
Semilla y labrador irán creciendo.

*Sí, amigo lector. Sigamos este impulso positivo:*

¡ACTUEMOS CON EFICACIA!

*Que si vale la pena hacer algo,*
*vale la pena hacerlo bien.*

# ¡SEAMOS SUAVEMENTE EFICACES!

*Lograr el objetivo es lo importante.*

HACE YA MUCHOS AÑOS TUVE OCASIÓN DE VER UNA película que es posible que usted, amigo lector, recuerde al mencionarla ahora. Se titulaba *Las Cruzadas*. La protagonizaban Henry Wilcoxon y Claudette Colbert.

Recuerdo especialmente una escena que me llamó la atención. Después de una cena ofrecida por el príncipe árabe Saladino a Ricardo Corazón de León, le reta a que demuestre cuál de los dos tiene mejor espada.

El rey Ricardo, en la escena de la película, hace traer a dos esclavos una barra de hierro y la coloca apoyada en dos sillones. Blande seguro su gran mandoble y con fuerza y energía rompe la barra en dos trozos.

Entonces, Saladino, muy sagaz y sonriente, después de ver el gran golpe de Ricardo le dice: «Has probado la fuerza de tu brazo. Mas no el filo de tu espada». Y, cogiendo el tul que llevaba una de sus danzarinas, lo lanza lentamente al techo y al caer, con su alfanje, lo corta suavemente en el aire.

Amigo lector. No es con fuerza bruta que hemos de intentar hacer nuestro trabajo, sino con suavidad, con delicadeza, lograr el objetivo.

Mantengamos siempre afilada nuestra capacidad personal y profesional y ya en el hogar, en el taller, en el despacho, o donde sea, logremos el objetivo propuesto, no por la fuerza, sino con la destreza, con la sensibilidad, con delicadeza, siendo eficaces como el alfanje de Saladino.

*Sí, amigo lector. Sigamos este impulso positivo:*

¡SEAMOS SUAVEMENTE EFICACES!

*Lograr el objetivo es lo importante.*

# ¡AYUDEMOS A CRECER A LOS DEMÁS!

*Nos sentiremos a la vez con savia fresca.*

NORMALMENTE, SE HABLA MUCHO DEL ELOGIO. A VECES lo confundimos con la adulación. Oigamos lo que el poeta nos dejó dicho del elogio: «Gota de agua que hace crecer la flor en la ribera, para que tierra seca nos dé buena cosecha».

Yo tengo fe en la fuerza del elogio
que no es adulación, sino sincera
valoración de un área medio oculta
a los ojos del propio que la muestra.
Fértil campo que espera la semilla.
Cueva con mineral de rica veta.
Pozo artesiano con su agua a punto.
Fuente de energía a flor de tierra.

Yo sólo soy espejo de un valor
que respaldado está por la evidencia,
mas sólo si mi azogue es limpio y claro
no engañaré con falsas apariencias.

Al elogiar ayudo a una persona
a lograr que mejor ella se vea
y, al reflejar lo bueno de su imagen,
la impulso a cultivar un área nueva.

Nunca sabré cuál es la gota de agua
que hace crecer la flor de la ribera,
pero sí sé que, con agua de elogio,
tierra seca dará buena cosecha.

He de seguir elogiando a la gente,
a pesar de su pasmo y extrañeza,
que, ayudando a crecer a los demás,
yo me siento, a la vez, con savia fresca.

Sí, amigo lector. Si fruto de este impulso positivo nace en ti el deseo de valorar justamente a alguien haciendo un elogio sentido y sincero por algo bien realizado, estimo y aplaudo tu decisión.

*Ánimo. Sigamos este impulso positivo:*

¡AYUDEMOS A CRECER A LOS DEMÁS!

*Nos sentiremos a la vez con savia fresca.*

# ¡OBTENGAMOS MÁS DE NOSOTROS MISMOS!

*Somos un pozo inagotable de energía.*

CUENTA UNA LEYENDA ORIENTAL DEL SIGLO XX QUE, cierta vez, existía un país del Lejano Oriente que se creía pobre. Siempre se quejaba: «Yo sólo tengo arena. En Logroño hay buenos espárragos, la tierra de Valencia da buenas naranjas y los Olivares de Jaén, hermosas aceitunas. Yo sólo tengo arena».

Un día llegaron allí unos técnicos y le dijeron al país: «Tú tienes en tu interior una gran riqueza. ¿Quieres verla?» Y se la mostraron. Y aquel país no creyó en sus propios valores. Dijo: «Esto es un aceite negro. Sucio. Apesta. No sirve para nada. Yo continúo siendo pobre». Pasó el tiempo y acaba la leyenda diciendo que aquel país que se creía pobre llegó a convertirse en el más rico de todo el planeta.

Amigo oyente. Sabes muy bien que esto no es una leyenda. Es una realidad que ha conmovido la historia del mundo en este siglo.

Pero lo importante es que eso que pasó a aquel país también nos puede ocurrir a nosotros. Nosotros no tenemos petróleo, pero sí unos valores retenidos, unas cualidades, unas habilidades que no utilizamos totalmente.

Ahora bien. Aquel país tenía el tiempo a su favor. Siempre podría utilizar su riqueza. Nosotros, no. Cada día que pasa, cada año que no aprovechamos nuestros valores, es tiempo perdido. Pero, ¡eso sí!, tenemos una ventaja. A aquel país con el tiempo se le acabará el petróleo, pero nosotros cuanto más usemos nuestras habilidades más las iremos perfeccionando y enriqueciendo gracias a la práctica.

¿Aprovechamos bien nuestros pozos de energía personal?

Pensemos en ello y utilicémoslos a fondo, pero no tibiamente, sino con energía, con fuerza, como si sólo pudiéramos obtener beneficio de ello ahora, porque ahora es el mejor momento. Apliquemos toda nuestra fuerza en cuanto hagamos. Nuestro petróleo, que son nuestras aptitudes y valores personales.

*Sí, amigo lector. Sigamos este impulso positivo:*

¡OBTENGAMOS MÁS DE NOSOTROS MISMOS!

*Somos un pozo inagotable de energía.*

# ¡ESCRIBAMOS ADECUADAMENTE!

## *Así nos entenderán, nos recordarán y nos creerán.*

Es famoso el premio Pulitzer en el mundo, instituido por Joseph Pulitzer en los Estados Unidos para premiar los mejores artículos y las mejores obras.

El creador de este premio dejó escritas unas normas que reflejan la importancia de la sencillez en el escribir, normas que también podríamos aplicar en el decir.

Si a usted, amigo lector, le gusta escribir, seguro que le apetecerá leerlas.

Pulitzer dijo así:

«Si escribes algo para transmitir a tus semejantes, sigue estas cuatro reglas:

Primera: Exprésalo brevemente, empleando solamente las palabras estrictamente necesarias... para que lo lean.

Segunda: Escribe con mucha claridad y sencillez, usando términos simples, comunes, corrientes, de uso diario... para que lo entiendan.

Tercera: Define cuanto expongas en forma pintoresca y graciosa... para que lo recuerden.

Cuarta: Escribe, sobre todo, con mucha veracidad y honestidad para que quienes lo lean lo crean».

*Sí, amigo lector. Sigamos este impulso positivo:*

¡ESCRIBAMOS ADECUADAMENTE!

*Así nos entenderán, nos recordarán y nos creerán.*

# ¡GOCEMOS DEL DÍA EN QUE ESTAMOS!

*Así aprenderemos a vivir más felices.*

EL POETA RONSARD DIJO:

«¡Creedme! Vivid hoy sin esperar a mañana. Coged, ahora mismo, las flores que ofrece vuestra vida». Como Horacio dejó escrito hace ya cientos de años: «Gocemos del día en que estamos. Si pensáramos que cada día es el último, recibiríamos agradecidos la hora que se nos da y no esperamos».

Admitamos que no todo es fácil, que en el viaje de la vida no existen caminos llanos. Todo son subidas y bajadas. Alegrías y penas. Gozos y sinsabores.

Si eso es cierto, tomemos la vida como un todo. Lo bueno y lo malo deben ser aceptados por igual.

Pero atesoremos nuestras alegrías cuando el día nos las traiga.

Estemos muy atentos para ver que nos trae de bueno el día de hoy, por pequeño que sea.

Si, como dijo Balzac, la vida depende de la intensidad con que se vive y no de su extensión, vivamos intensamente el HOY. Hagámoslo distinto, ¡único!

Y digamos con el poeta:

Hoy vivo, esperanza vana
la del futuro, y no cambio
las certidumbres del hoy
por las dudas del mañana.
Que quien vive deprisa
¡no vive de veras!
Vida inquieta, frenesí
de la ambición desmedida.
¡Qué mal comprende la vida
el que la comprende así!

*Sí, amigo lector. Sigamos este impulso positivo:*

¡GOCEMOS DEL DÍA EN QUE ESTAMOS!

*Así aprenderemos a vivir más felices*

# ¡NO QUERRAMOS DEFINIR LA FELICIDAD!

## *Intentemos sentirla dentro de nosotros.*

Fue Unamuno quien nos dejó este impulso positivo: «La felicidad es una cosa que se vive y se siente; no una cosa que se razona y se define».

Y la equivocación es buscarla fuera cuando sólo podemos encontrarla dentro de nosotros. Como dice el escritor Axel Munthe:

«Sólo en nosotros mismos podemos hallar la felicidad. Tiempo perdido es esperarla de otros. Solos debemos ganar la batalla de conseguirla».

Pero también es verdad que a veces no sabemos verla. Un proverbio alemán dice: «La felicidad y el arco iris no se ven nunca sobre nuestra propia casa, sino sobre la ajena».

Algo similar escribía Amado Nervo: «La felicidad es como las neblinas ligeras; cuando estamos dentro de ellas no las vemos».

¿Y si ahora fuéramos felices y no nos damos cuenta, amigo lector? Que «la felicidad no se produce por grandes golpes de fortuna, que raras veces tienen lugar —según dijo Franklin—, sino por pequeñas ventajas que ocurren todos los días».

Que, si es así, quizá tenga razón la escritora Françoise Sagan al decir:

«La felicidad, para mí, consiste en gozar de buena salud, en dormir sin miedo y despertarme sin angustia».

¿Y si ahora fuéramos ya felices y no nos damos cuenta?

*Sí, amigo lector. Sigamos este impulso positivo:*

¡NO QUERRAMOS DEFINIR LA FELICIDAD!

*Intentemos sentirla dentro de nosotros.*

# ¡SEAMOS FIELES A NOSOTROS MISMOS!

*Así no podremos ser falsos con otra persona.*

SHAKESPEARE NOS ACONSEJÓ HACE SIGLOS: «SÉ FIEL A ti mismo y a ello seguirá, como la noche sigue al día, que no puedas ser falso con otra persona».

Oigamos cuanto nos dejó dicho el poeta:

Ser fiel es vivir en armonía
con las cosas que vienen y se van.
Ser leal es seguir tu melodía,
ignorando la traición y el que dirán.

Ser fiel es decirle ¡Sí! a un amigo
y saber mantenerlo hasta el final.
Serle fiel y hacer juntos el camino,
sin temerle al sol ni al vendaval.

¿Qué es eso de ser leal? ¡Bien que lo sé!
Y tú sabes si yo fui leal contigo
o, si acaso, alguna vez te defraudé.

Pero la gran duda la tendré yo mismo
cuando «el otro yo» de mi propio ser
me pregunte: ¿Fuiste leal conmigo?

Tengamos acierto en nuestra propia fidelidad, amigo lector, para poder contestar en su día, correctamente, a esta pregunta, cuando nos la haga nuestro propio yo: «¿Fuiste leal conmigo?»

*Sí, amigo lector. Sigamos este impulso positivo*

¡SEAMOS FIELES A NOSOTROS MISMOS!

*Así no podremos ser falsos con otra persona.*

# ¡TENGAMOS UNA ACTITUD FLEXIBLE ANTE LOS CAMBIOS!

*Así nos mantendremos jóvenes siempre.*

ARCHIBALD JOSEPH CRONIN, EL AUTOR DE LA NOVELA *La ciudadela*, dejó escritos unos párrafos que enriquecen este impulso positivo de hoy. Dijo:

«Tenemos la tendencia a valorar a una persona por la fuerza con que defiende sus convicciones, cosa que cualquier fanático o farsante puede hacer.

»Lo que es de verdad más raro y digno de elogiar es que una persona tenga el valor de revisar sus puntos de vista de vez en cuando, desechando aquellos que, sinceramente, no estén de acuerdo con los hechos, las necesidades y las condiciones de nuestro tiempo».

Se necesita mucho valor, dice Cronin, para adaptar nuestros puntos de vista a los cambios, pero es la forma de mantener nuestro espíritu siempre joven.

Mantengamos viva nuestra savia, como hace la naturaleza con los árboles para que puedan seguir creciendo.

Las cosas maduras están a punto de pudrirse; las verdes siguen desarrollándose.

Los filósofos dicen: «La persona, desde el inicio de la historia, es un ser cambiante en búsqueda de la verdad».

¿Cuáles son las opiniones que habremos de cambiar para adecuarnos más a los hechos, a las necesidades y a las condiciones de nuestro tiempo?

Pueden ser puntos de vista sobre el trabajo, sobre la familia, sobre el amor, sobre nuestros objetivos, la educación de los hijos, las vacaciones, la manera de afrontar la crisis hoy.

Sí. Requiere valor y sabiduría afrontar los cambios, pero hemos de entender que todo cambia continuamente en nuestro mundo, menos la ley implacable del cambio.

Gracias al cambio vemos si somos secos, duros, anquilosados o si tenemos aún fuerzas para seguir creciendo.

*Sí, amigo lector. Sigamos este impulso positivo:*

¡TENGAMOS UNA ACTITUD FLEXIBLE
ANTE LOS CAMBIOS!

*Así nos mantendremos jóvenes siempre.*

# ¡DEMOS UNOS PASOS ADELANTE!

*Aunque no podamos ver todo el camino del futuro.*

ESTE IMPULSO POSITIVO ESTÁ ENTRESACADO DE UN poema del escritor Reigner y nos ayuda a coger ánimo en tiempo de crisis, a animarnos a seguir adelante en situaciones delicadas.

Dice así:

No puedes aspirar
a ver todo el camino;
el futuro está situado
donde no alcanza tu vista mortal.
El pasado ya se fue
con toda su confusión.

Ahora es el momento de pensar
y hacer planes acertadamente.
Lo que hagas ahora
dará más claridad a tu próxima tarea.
No te atrevas a sentarte
y dejar que pasen los días
o rendirte temeroso por miedo al mañana.
Haz bien hoy
lo que tienes a la vista.
Así, pues, trabaja
con fe y valor en tu corazón
y obra hoy según sabes y aprendiste.
Los pasos que des ahora
serán el principio del camino
que te va a llevar
a un satisfactorio final.
Sobre la niebla de tu duda
busca ese rayo claro que atraviesa
la nube del temor.
Aunque no puedas ver
todo el camino lejano,
aún puedes dar unos pasos adelante.

*Sí, amigo lector. Sigamos este impulso positivo:*

¡DEMOS UNOS PASOS ADELANTE!

*Aunque no podamos ver todo el camino del futuro.*

# ¡QUE NO NOS DESALIENTE LA OPINIÓN DE LOS DEMÁS!

*Cada idea que tenemos es un niño recién nacido.*

SE CUENTA QUE, CUANDO MONTGOLFIER INVENTÓ EL globo, alguien le preguntó:

—Y eso ¿para qué sirve?

A lo que él contestó sencillamente:

—¿Para qué sirve un niño recién nacido?

Desde aquel invento, aparentemente frívolo y superficial, el mundo ha progresado de una manera sorprendente en el ámbito espacial, en viajes y comunicaciones.

Algo similar ocurrió cuando los hermanos Wright, a fines del siglo pasado, hicieron su corto vuelo, en las afueras de París, con un mecanismo, ingeniado por ellos, que denominaron aeroplano. También desde entonces a nuestros días podemos apreciar el gran cambio que ha experimentado todo el mundo gracias a aquel extraño artilugio que se parecía a un pájaro.

En un periódico publicado en la capital de Francia, al día siguiente de la prueba del aeroplano apareció un pequeño comentario que venía a decir: «Los hermanos Wright dieron ayer un pequeño salto de unos cincuenta metros con un invento que dicen que puede volar. Cualquier día se van a matar si siguen dando saltitos por el aire».

Amigo lector. Gracias a aquel saltito de cincuenta metros, hoy se puede viajar de París a Nueva York, en poco más de tres horas, con el Concorde.

Saint-Exupéry, el autor de *El pequeño príncipe*, dejó escrito: «Hemos de crear ideas y lanzar al cielo la simiente».

Sí, amigo lector. No nos desalentemos ante las críticas de los demás. Pensemos y lancemos al cielo la simiente.

*¡Sigamos este impulso positivo!*

¡QUE NO NOS DESALIENTE LA OPINIÓN DE LOS DEMÁS!

*Cada idea que tenemos es un niño recién nacido.*

# ¡CONSERVEMOS VIVAS LAS ILUSIONES!

*Son los corchos que nos mantienen a flote en el mar de la vida.*

ALGUIEN DEFINIÓ UNA VEZ A LA ILUSIÓN COMO LA satisfacción anticipada.

Compramos con ilusión un juguete para nuestro hijo y vivimos la satisfacción anticipada de ver cómo va a disfrutarlo. Preparamos una fiesta y gozamos ilusionados pensando anticipadamente en lo bien que lo pasaremos nosotros y nuestros invitados. Y así muchos ejemplos.

Honoré de Balzac dejó escrito: «Lo mejor de la vida son las ilusiones».

Sí, amigo oyente. Sin ilusiones la humanidad moriría de desesperación o de aburrimiento.

Pero puede ser un ejemplo más sencillo. Una vez, en una familia, padres y cuatro hijos decidieron que, en cierta festividad, saldrían de picnic, con su coche y su cesta, para comer en pleno campo.

El día previsto para la salida amaneció nublado y a las pocas horas se desencadenó una gran tormenta. Era imposible salir de excursión. ¿Qué hizo nuestra familia? Despejaron de muebles el comedor de su piso y convirtieron en un césped imaginario las alfombras y disfrutaron de un maravilloso picnic en el campo, sentados en el suelo de la habitación. ¡Qué bien lo pasaron! ¿Por qué? ¡Porque pusieron ilusión! La ilusión igual vale para pasar un día tormentoso, disfrutando, en el suelo de nuestro comedor, con un sol imaginario, quecomo el poeta Schiller dijo: «La fantasía es una perpetua primavera». Y el escritor Graff aseguraba: «Quien se despojara de todas sus ilusiones quedaría desnudo».

No nos despojemos de ninguna, amigo lector. Es más ¡ahora mismo!, en este momento, añada una nueva ilusión a su vida, un nuevo corcho para continuar nadando.

*Sí, amigo lector. Sigamos este impulso positivo:*

¡CONSERVEMOS VIVAS LAS ILUSIONES!

*Son los corchos que nos mantienen a flote*
*en el mar de la vida.*

# ¡CUIDEMOS NUESTRAS PALABRAS!

## *Ellas cuidarán de nuestra imagen.*

UN PROVERBIO ÁRABE DICE: «HABLA SOLAMENTE cuando estés seguro de que aquello que vas a decir es más hermoso que el silencio».

Que si por el son se conoce la campana, al hombre se le conoce por la palabra.

Seamos claros y precisos. «Una lengua oportuna en palabras representa un tesoro entre los hombres» —dijo el filósofo Hesíodo—. Y añadió: «El valor más precioso de las palabras es su uso con elegante mesura».

Sí. Cuidemos cuanto digamos, pues los demás nos juzgarán precisamente por cuanto decimos.

Así lo asegura Confucio al advertirnos: «Por una palabra, un hombre es reputado sabio. Por una palabra, un hombre es considerado necio».

El propio Esquilo consideraba a la palabra como vehículo de consuelo y estímulo al decir: «Las palabras son los médicos del ánimo enfermo».

Oportuno es utilizar palabras positivas y dinámicas, que estimulan a los demás y al propio que las dice, pues son hilos de oro del pensamiento.

«Que los que juegan aplicando diestramente las palabras —dijo Shakespeare— pronto las hacen livianas, fáciles, inteligibles». Usémoslas siempre como llaves que abren ideas y explican pensamientos.

Y, sobre todo, busquemos siempre la palabra que mejor entiendan los demás, que la buena comunicación no depende de lo que nosotros digamos, sino de lo que la otra persona entienda.

*Sí, amigo lector. Sigamos este impulso positivo:*

¡CUIDEMOS NUESTRAS PALABRAS!

*Ellas cuidarán de nuestra imagen.*

# ¡EMPECEMOS HOY ALGO PENDIENTE!

*Será el principio para llegar a acabarlo.*

AMIGO LECTOR. ¿TENEMOS ALGO PENDIENTE DE hacer?

¿Un escrito, una carta, un informe, una compra necesaria, un curso de algo, una materia que me es muy útil, leer el libro que me propuse, algo pendiente?

Hay algo que tenemos colgado de nuestro corazón, que insiste cada día: ¡Has de hacer esto! ¡Has de hacerlo!

Este impulso positivo viene a animarnos para que lo empecemos hoy. Y, si es corto y fácil de hacer..., acabarlo hoy mismo. ¡Qué tranquilos nos quedaremos después!

La acción es el principio, el medio y el fin. Hace un daño irreparable descansar algo pendiente sobre palabras y pensamientos que prometen.

Burke dejó escrito: «Hay que hacer algo y, si no lo hago yo, no lo hará nadie. No hay que creer que las cosas se arreglen solas. No hay que esperar a que el barco venga a buscarle a uno. Lo único que hay que hacer es tomar un bote y bogar hacia él. Que, aunque no siempre la acción da la felicidad, no hay felicidad sin acción».

Dormido o no. Hambriento o no. Cansado o no, siempre se puede hacer algo cuando se sabe que no queda más remedio que hacerlo.

Decía Bernard Shaw que la gente culpa siempre a las circunstancias. «Sólo empieza una cosa aquel que se levanta y busca la circunstancia. Y, si no la encuentra, ¡la crea!»

Que hay gran número de cosas que requieren menos fuerza para hacerlas que para pensarlas y menos para hacerlas enérgicamente que para hacerlas moderadamente. ¡Sí! Empecemos algo hoy enérgicamente, y, si nos creemos ya mayores para empezar algo, recordemos a Picasso cuando decía: «Cuando me dicen que soy demasiado viejo para hacer una cosa, procuro empezarla enseguida».

*Sí, amigo lector. Sigamos este impulso positivo:*

¡EMPECEMOS HOY ALGO PENDIENTE!

*Será el principio para llegar a acabarlo.*

# ¡MANTENGÁMONOS SIEMPRE JÓVENES DE ESPÍRITU!

## *Aunque seamos mayores de edad.*

BENJAMIN FRANKLIN, EL INVENTOR DEL PARARRAYOS, dijo una vez: «Todos quisiéramos vivir mucho tiempo, pero nadie quiere envejecer», porque, ¡eso es cierto!, hacerse viejo no es un problema tan grande como el temor de ser viejo.

Técnicos en organización dicen que las empresas envejecen cuando piensan más en su historia, en su tradición, que en sus objetivos. De la misma manera una persona es vieja cuando pesan más en ella sus recuerdos que sus ilusiones. Porque, si es cierto que toda persona llega a joven a cada edad de su vida, es porque cada etapa tiene su aprendizaje. Nadie tiene experiencia de tener sesenta años hasta que los tiene, ni setenta, ni ochenta.

Yo conozco y usted también, amigo lector, a personas de esa edad que se mantienen jóvenes de corazón y de espíritu y eso se refleja en su forma de actuar, de tal manera que parecen más jóvenes de la edad que tienen y es que, como dijo el pensador Mateo Alemán, «la naturaleza siempre favorece a los que desean mantenerse jóvenes». Pero ¿cómo lograrlo?

El tratadista Torance nos lo descubrió diciéndonos: «Ser joven significa saber adaptarse constantemente a lo nuevo».

Evitemos pensar: «Ah, en mis tiempos eso no ocurría...» En otros tiempos había cosas buenas y también cosas malas. Adaptemos nuestra actitud a las cosas nuevas y sepamos ver cuanto de bueno tiene lo nuevo, que si queremos sentirnos jóvenes hemos de adaptarnos constantemente a lo nuevo.

*Sí, amigo lector. Sigamos este impulso positivo:*

¡MANTENGÁMONOS SIEMPRE JÓVENES DE ESPÍRITU!

*Aunque seamos mayores de edad.*

# ¡LEAMOS COMO SI EL LEER FUERA UN ARTE!

## *Así disfrutaremos más de los libros.*

UN ANTIGUO PROVERBIO HINDÚ DICE:

> «Un libro abierto es un cerebro que habla.
> Cerrado … un amigo que espera
> Olvidado … un alma que perdona
> Destruido … un corazón que llora».

Así pues, ante un libro abierto recordemos cuanto dice André Maurois en su obra *El arte de vivir*. Dice así: «El arte de leer es, en gran parte, el arte de volver a encontrar la vida en los libros, y de comprenderla mejor gracias a ellos».

Pascal dijo: «Cuando se lee demasiado aprisa no se entiende nada».

Kempis escribió: «Si quieres aprovechar un buen libro, lee con humildad, fiel y sencillamente y nunca desees presumir de letrado». Y La Bruyère afirma: «Si una lectura os eleva el espíritu y os inspira sentimientos nobles y valientes, es un buen libro hecho por un artista».

Pero no es fácil aprender el arte de leer. El mismo Goethe dijo: «Yo he empleado ochenta años intentando aprender a leer y no puedo decir que domine esta labor.».

Entre los muchos pensamientos que existen sobre el arte de leer, me refiero a una definición de Jules Renard que tiene un simpático sentido del humor sin dejar de ser una positiva lección.

Dice así:

«Me gusta leer como bebe una gallina, levantando frecuentemente la cabeza para que el agua descienda».

Quizá sea esta frase, en sí misma, una manera inteligente de leer.

*Sí, amigo lector. Sigamos este impulso positivo:*

¡LEAMOS COMO SI EL LEER FUERA UN ARTE!

*Así disfrutaremos más de los libros.*

# ¡LEAMOS Y HAGAMOS NUESTRO EL LIBRO!

## *Subrayemos lo mejor de él.*

POR LO GENERAL, TODOS TENEMOS CIERTO TEMOR Y respeto por la letra impresa. Parece que subrayar una frase que nos agrada o un párrafo o un pasaje del libro que estamos leyendo sea cometer una incorrección. ¡En absoluto! Animémonos. Cuando estemos disfrutando de una buena lectura, subrayemos todo aquello que nos guste.

Si lo hacemos, inscribimos en el libro nuestra personalidad, pues no todas las personas subrayarán lo mismo.

Recordaremos con facilidad cuanto nos haya agradado. Si lo repasamos después, reviviremos la emoción que sentimos en su lectura inicial.

Todo libro es como una cordillera. Hay en él valles, planicies y altos picachos. Como la cordillera del Himalaya tiene su Everest, su tesis. Demos relieve a todo libro que leamos. Subrayemos aquello que nos agrade.

Esto es lo que normalmente hace un estudiante con sus libros de texto. Subrayar los puntos más importantes que él desea recordar.

Si Montesquieu escribió: «Amar la lectura es cambiar horas vacías por horas llenas de satisfacción», al subrayar un libro subrayamos satisfacciones.

Leamos y subrayemos. Petrarca nos aconsejaba: «Los libros nos han de fascinar. Ha de haber una familiaridad, viva y armoniosa entre el libro y el lector». Agudicemos esta familiaridad cada vez que leamos un libro, subrayando lo que creamos importante.

*Sí, amigo lector. Sigamos este impulso positivo:*

¡LEAMOS Y HAGAMOS NUESTRO EL LIBRO!

*Subrayemos lo mejor de él.*

# ¡EN NUESTRAS MANOS ESTÁ!

*Ya que sólo nosotros podemos hacer que algo esté vivo o esté muerto.*

Cuenta una antigua leyenda de Centroamérica que en cierta población vivía Ampac, un anciano muy popular porque siempre tenía la respuesta acertada para cualquier pregunta.

Una vez unos muchachos traviesos quisieron desprestigiarlo y burlarse de él, y anunciaron a todo el pueblo que, en aquella ocasión, Ampac no sabría contestar a la pregunta que le harían y que, si la contestaba, se equivocaría.

Para ello los chicos habían ingeniado la siguiente estratagema: El muchacho más destacado se presentaría ante el anciano y llevaría en sus manos, oculto a sus espaldas, un pajarito, y le preguntaría: «El pajarito que estoy sostenido en mis manos, ¿está vivo o está muerto».

Si el sabio contestaba que estaba vivo, lo mataría, retorciéndole el pescuezo. Pero si contestaba que estaba muerto, lo echaría a volar.

Llegó el día fijado y todo el pueblo se reunió en la plaza. En el momento preciso, el cabecilla del grupo se adelantó e hizo la pregunta, sosteniendo en sus manos el pájaro detrás de su espalda, dispuesto a actuar de una forma u otra según fuera la contestación del sabio.

El silencio era absoluto. Todo el pueblo esperaba expectante la respuesta de Ampac. El anciano, ante la pregunta, se adelantó, miró fijamente a los ojos del muchacho y, con la misma calma, le contestó:

«En tus manos está. Si tú quieres, el pájaro estará vivo. Si tú quieres, el pájaro estará muerto».

No se le escapa, amigo lector, que esta historia del pájaro también tiene aplicación a nuestras propias decisiones. A nuestra actitud ante nuestros problemas.

Cualquier decisión a tomar ante un problema que tengamos hoy encaja con la contestación del sabio anciano.

*Sí, amigo lector. Sigamos este impulso positivo.*

¡En nuestras manos está!

*Ya que sólo nosotros podemos hacer que algo esté vivo o esté muerto.*

# ¡TOMEMOS NUESTRA PROPIA INICIATIVA!

*Usemos la libertad de elegir.*

SE HA HABLADO MUCHO SOBRE EL USO DE LA PROPIA libertad. Fue Spencer quien dejó dicho: «Toda persona es libre de hacer lo que quiera mientras no atente contra la libertad de los demás».

Pero ya de la antigüedad nos vienen palabras que cantan el sentido de ser libre. Platón escribió: «La libertad está en ser dueño de la vida propia, en no depender de nadie en ninguna ocasión, en subordinar nuestra vida sólo a la propia voluntad y en no hacer caso de riquezas que nos desvíen».

El respeto a la libertad propia y de los demás lo

encontramos en muchos grandes libros. Incluso en el Quijote aparecen estas opiniones del propio Caballero de la Triste Figura: «La libertad, Sancho, es uno de los más preciosos dones que a los hombres dieron los cielos; con ella no pueden igualarse los tesoros que encierra la Tierra y que el mar encubre; por la libertad se puede y se debe aventurar la vida, y, por el contrario, el cautiverio, aun el cautiverio de uno mismo, al no usar la libertad, es el mayor mal que puede venir a los hombres».

El poeta clama por su sentido de libertad con estos versos:

Yo solo he de tomar la iniciativa.
Yo solo he de jugar a mi manera.
He de asumir la parte de mi riesgo
corriendo yo mi suerte, mala o buena.
¿Qué hago? ¿Dónde voy? ¿Cuándo me muevo?
¿Por qué hacia allí? ¿Cómo acertar de veras?
*To be or not to be*. Ser o no ser.
Como otras veces, las dudas acechan.
Pero también me incitan los demás
con sus consejos y frases agoreras.
¡Te vas a equivocar! ¡Ve con cuidado!
Al Este o al Oeste. ¡Como quiera!
No me quitéis la libertad que tengo.
Libertad de elegir a mi manera.

*Sí, amigo lector. Sigamos este impulso positivo:*

¡TOMEMOS NUESTRA PROPIA INICIATIVA!

*Usemos la libertad de elegir.*

# ¡MANTENGAMOS LIMPIA NUESTRA MENTE!

*Es la ventana por la que vemos el mundo.*

CIERTA VEZ, UN AMIGO ME CONTÓ UNA ANÉCDOTA muy curiosa. Se refería a un matrimonio cuya mujer, María, criticaba siempre a sus vecinos.

Una mañana, mientras desayunaban, María se levantó de la mesa y dijo refiriéndose a la ropa de los vecinos que estaba tendida en los alambres del patio interior:

—¿Te has fijado, Juan, qué sucia tienen la ropa nuestros vecinos?

Juan no contestó y siguió desayunando. Días después volvió a repetirse la misma escena al ver María, de nuevo, ropa sucia tendida y tampoco esta vez Juan siguió el comentario de su mujer.

Al día siguiente, María observó que Juan se había levantado antes que ella. En el desayuno, María dijo muy extrañada a Juan:

Es curioso, nuestros vecinos tienen hoy la ropa limpia. ¡Ya era hora que dejaran de ser tan sucios!

A lo que su marido, con mucha calma, contestó:

—María, esta mañana me he levantado antes y me he dedicado a lavar bien los cristales de nuestra ventana. Eran nuestros cristales los que estaban sucios y no la ropa del vecino.

Algunas veces he recordado esta anécdota cuando, viajando por la carretera en coche, el polvo y la lluvia han ensuciado el cristal y, al detenerme en cualquier estación de servicio, me lo han limpiado. Al reemprender el viaje, me ha parecido que el paisaje había cambiado. Era más vivo, más alegre, más limpio, cuando en realidad el paisaje continuaba siendo el mismo y lo que había cambiado era el cristal del parabrisas.

Sí, amigo lector. Nuestra propia mentalidad es el cristal a través del cual vemos las cosas que nos rodean, la vida que nos circunda, las personas que están junto a nosotros.

*Sigamos, pues, este impulso positivo:*

¡MANTENGAMOS LIMPIA NUESTRA MENTE!

*Es la ventana por la que vemos el mundo.*

# ¡INTENTEMOS SER ALGO MEJORES CADA DÍA!

*Y el mundo entero mejorará.*

EN EL LIBRO *EL MONO DESNUDO*, DE DESMOND MOrris, aparece una anécdota que, de alguna manera, habla de nosotros.

Cuenta el autor que, cierta mañana, un antropólogo, interesado toda su vida en conocer cuál era el eslabón perdido que unía el mono con el hombre civilizado, llegó muy excitado a la Universidad y comentó con un profesor también experto en ese tema:

—Ayer descubrí cuál es el eslabón perdido entre el mono y el hombre civilizado.

Curioso y extrañado a la vez, el compañero inquirió:

—¡Ah! Sí. ¿Cuál es?

La contestación fue muy sencilla:

—¡Somos nosotros!

Amigo lector. Vale la pena resaltar este comentario divertido del antropólogo para pensar que aún nos falta bastante para llegar a ser el hombre civilizado.

El mundo ha avanzado mucho y en varios aspectos este progreso ha beneficiado a toda la humanidad, pero continuamente nos llegan noticias que nos demuestran que nos hemos llegado al final. ¡Aún nos falta algo para ser perfectos, totalmente civilizados!

¿Qué hacer?

Sigamos el consejo del sabio que, allá en la antigüedad, nos dijo: «El mundo será mejor si yo lo soy».

*Sí, amigo lector. No nos preocupe como se comportan los demás.*

¡INTENTEMOS SER CADA DÍA MEJORES!

*Y el mundo entero mejorará.*

# ¡VEAMOS EN NUESTRA MENTE LAS COSAS ACABADAS!

*Nos será más fácil concluirlas nosotros.*

SE CUENTA QUE CIERTA VEZ, EN HOLLYWOOD, UN periodista entrevistaba a Barbra Streisand, y la valoraba diciendo: «¿Cómo es posible que usted triunfe de esa manera, cantando, interpretando y también dirigiendo películas? Debe de tener algún truco, algún mecanismo secreto para triunfar así. ¿Por qué no me lo confiesa?»

Dicen que la actriz sonrió y con mucho misterio, dándole importancia a la contestación, dijo:

«Verá usted. Es que cuando me presentan algún proyecto, ya sea una canción o una película, yo ya lo veo acabado. Entonces es muy fácil para mí ir haciendo, poco a poco, lo que he visto claro en mi mente».

¿Por qué no seguimos el consejo de Barbra? Puede aplicarse a cualquier obra que haya que realizar y también incluso a cualquier proyecto. ¿Por qué no lo intentamos?

La próxima vez que alguien nos proponga algo, si nos apetece hacerlo, veámoslo ya acabado en nuestra mente. Nos será más fácil llevarlo a término.

*Sí, amigo lector. Sigamos este impulso positivo:*

¡VEAMOS EN NUESTRA MENTE LAS COSAS ACABADAS!

*Nos será más fácil concluirlas nosotros.*

# ¡NO DIGAMOS NUNCA LA ÚLTIMA PALABRA!

*Siempre nos queda algo nuevo por hacer.*

En una revista internacional sobre eficiencia apareció esta interesante anécdota referida al compositor Brahms, que, como artista muy sensible, a menudo sufría accesos de depresión.

Se cuenta que, cierta vez, una amiga suya fue a buscarle para pasear juntos por la orilla de la playa. Brahms se sentía muy deprimido y, casi sin fuerza para reaccionar, exclamó:

—Todo lo bueno en música ya se ha escrito. A los músicos de mi generación ya no les queda nada por hacer.

—¡No digas tonterías! ¡Fíjate en el mar! —le dijo su amiga, intentando animarle—. ¡Mira! ¡Allí llega la última ola!

—¡Eso es ridículo! —contestó Brahms—. ¡La última ola no existe!

—Pues lo mismo puedes decir tu respecto a tus composiciones. Tampoco existe la última música —le dijo su amiga, sonriendo.

También podemos decir nosotros algo similar. Nunca existe la última idea. Nunca existe el último proyecto. Nunca existe el último intento.

En la Organización Internacional de Productividad hay una frase muy popular. Es: «Siempre hay un método mejor».

Sí, amigo lector. Nunca existe el último intento.

¿Tenemos algún problema difícil de resolver? ¿Hay entre nosotros algo que nos parece muy difícil de conseguir? Nos gustaría empezarlo por la mañana y tenerlo terminado por la noche. ¡Ya! Todos quisiéramos hacerlo siempre así, pero es imposible. Muchas veces la tarea que empezamos hoy tardaremos tiempo en completarla. Pero hemos de seguir intentando. ¡Hay que luchar y proseguir adelante! Una, y otra, y otra vez. «¡No desmayemos nunca», nos dice el doctor Weck. «A menudo, la última llave es la que abre la cerradura».

Sí, amigo lector. No existe la última ola, ni la última llave.

*Sigamos este impulso positivo:*

¡NO DIGAMOS NUNCA LA ÚLTIMA PALABRA!

*Siempre nos queda algo nuevo por hacer.*

# ¡LANCEMOS NUESTRO CORAZÓN AL OBJETIVO!

*Nuestro cuerpo lo seguirá.*

SE CUENTA QUE HABÍA UNA VEZ UNA FAMILIA DE trapecistas, muy popular por sus hábiles saltos en las alturas. La formaba el padre y cuatro de sus hijos. El menor de los hijos, el quinto, contaba sólo quince años y tenía mucho miedo de que su padre le propusiera un día subir a lo alto de la capa y hacer saltos como sus hermanos.

Y, efectivamente, así fue. El padre, tal como había hecho con los cuatro hijos ya trapecistas, le dijo al menor que ya tenía edad de participar en el número de la familia.

El muchacho se resistió:

—Papá, yo sé que tengo fuerza y agilidad suficiente para hacer números aquí en el suelo, pero tengo mucho miedo de subir y saltar de barra en barra. ¿Qué consejo me darías para que pudiera tener más confianza y seguridad?

El padre, entendiendo muy bien a su hijo, le puso las manos sobre los hombros y mirándole a los ojos, sonriendo, le dijo:

—Hijo mío. Cuando estés allí arriba, lanza tu corazón a la barra. ¡Tu cuerpo lo seguirá!

Sí, amigo lector. Consejo sencillo pero profundo a la vez y útil para nosotros en cualquier oportunidad. Que el cuerpo sigue siempre al corazón.

Ante un objetivo difícil, ante un proyecto importante, ante una realización comprometida, sigamos el consejo del trapecista. Lancemos antes el corazón.

Si nuestro corazón está en la barra, en el objetivo, en el proyecto, nuestro cuerpo, nuestra voluntad, nuestra confianza, ¡lo seguirán!

*Sí, amigo lector. Sigamos este impulso positivo:*

¡LANCEMOS NUESTRO CORAZÓN AL OBJETIVO!

*Nuestro cuerpo lo seguirá.*

# ¡MANTENGAMOS SIEMPRE ATENTA NUESTRA CAPACIDAD DE OBSERVACIÓN!

*Veremos cosas que otros no ven.*

Se cuenta que hace algunos años paseaba por los bosques de Suiza un matrimonio americano de vacaciones, cuando apareció un rebaño de cabras que se introdujo en el bosque. Al salir de nuevo, todas las cabras lucían en su cuerpo unas hierbecitas adheridas entre su piel, similares a espigas de trigo, que se habían enredado con sus pelos. Cosa normal que había sido vista por millones de personas hasta entonces, pero nadie había pensado en ello como nuestro hombre, que tenía gran capacidad de observación.

Fruto de aquel incidente empezó a pensar: ¿cómo se adhieren estas hierbas entre la piel peluda de las cabras? ¿Qué características tienen estas formas vegetales? ¿Cómo está diseñada la piel de las cabritas? ¿Por qué se adhieren a las cabras y no a otro animal?

Analizó al microscopio las formas vegetales. Estudió el dibujo especial de la piel de las cabritas y meses después, reproduciendo en plástico las dos formas que se complementaban y al contactar quedaban fuertemente unidas, patentó un invento que hoy es internacionalmente utilizado para adherir dos piezas distintas, ya sea para colgar cortinas, ya para usar en pañales para bebés o en vestidos de noche ajustados, ya en aparatos para tomar la tensión arterial. El autor de este invento, que se le ocurrió viendo salir un rebaño de cabras de un bosque suizo, se llama Mr. Velcro, dueño de la patente internacional Velcro, admitida y utilizada en todo el mundo para beneficio de la sociedad.

Aún quedan muchos inventos por descubrir. No se trata de que los inventemos nosotros. Sino de que, aprovechando esta verídica anécdota, gracias al incremento de nuestra capacidad de observación, solucionemos algún problema o consigamos algún objetivo.

*Sí, amigo lector. Sigamos este impulso positivo.*

¡MANTENGAMOS SIEMPRE ATENTA NUESTRA CAPACIDAD DE OBSERVACIÓN!

*Veremos cosas que otros no ven.*

# ¡APROVECHEMOS BIEN TODA OCASIÓN!

## *Quizá no vuelva a pasar.*

UN AFORISMO CHINO DICE:

«Si el cielo te arroja un dátil, abre la boca».

Y un proverbio turco nos aconseja:

«Es cuando llueve cuando hay que llenar todas las tinajas».

Buenos principios, vengan del Este o del Oeste. Cojamos la ocasión por los pelos, si ahora se nos presenta así. Quizá después se nos pinte calva, como decía Luis de Góngora a las muchachas casaderas:

...antes que la edad avara
el rubio cabello de oro
convierta en luciente plata,

*quered* cuando sois queridas,
*amad* cuando sois amadas,
mirad, bobas, que detrás,
se pinta la ocasión calva.

Unos en broma y otros en serio nos aconsejan lo mismo. Oigamos a Martín Fierro:

Aprovecha la ocasión
el hombre que es diligente
y téngalo bien presente,
si al compararla no yerro:
la ocasión es como el fierro.
¡Se ha de machacar caliente!

O Villaespesa, cuando dice:

Hay tres cosas que no tornan:
la frase que pronunciamos,
la piedra lanzada al mar
y la ocasión que ha pasado...

Pensemos en el día de hoy. ¿Tenemos delante una buena ocasión? ¿Por qué dudamos? ¡No la dejemos escapar!

¿Es dátil venido del cielo? ¡Abramos la boca!

¿Está lloviendo? ¡Llenemos todas las tinajas!

*Sí, amigo lector. Sigamos este impulso positivo:*

¡APROVECHEMOS BIEN TODA OCASIÓN!

*Quizá no vuelva a pasar.*

# ¡RESPETEMOS OTRAS OPINIONES!

*Quizá correspondan a puntos de vista acertados.*

UNA HISTORIA ATRIBUIDA A BUDA NOS CUENTA QUE, cierta vez, seis ciegos se encontraron con un elefante y, al examinarlo, cada uno lo apreció en forma muy distinta:

El primero opinó: Es algo así como el tronco de un árbol.

El segundo: No, no. Parece una gran serpiente boa.

El tercero dijo: Es como una cuerda que se mueve.

El cuarto aseguró: ¡Qué va! Es como una manta aireada por el viento.

El quinto indicó: Yo creo que un elefante es como un muro.

Y el sexto, convencido, dijo: Es como una lanza, curva, pero, estoy seguro, que es como una lanza.

No se le escapa, amigo lector, que cada uno de los ciegos había tocado tan sólo una parte del animal. No había temido una visión conjunta y total del elefante.

Uno tocó una pata, otro la trompa, otro la cola, el cuarto una oreja, el quinto un costado del elefante y el sexto el colmillo afilado. Cada uno de los ciegos juzgó a todo el elefante tan sólo por cuanto él había percibido.

Eso nos puede ocurrir alguna vez también a nosotros. Y no es que estemos equivocados precisamente. Es que sólo analizamos una parte del problema o de la situación.

Tengamos la sensibilidad de saber apreciar si cuanto conocemos es el todo o solamente una parte. No descansemos nuestra total convicción sólo en un extremo. Respetemos otras opiniones, pues, como dijo el pensador Samuel Butler: «No hay mayor equivocación que la de estar siempre en lo cierto».

*Sí, amigo lector. Sigamos este impulso positivo:*

¡RESPETEMOS OTRAS OPINIONES!

*Quizá correspondan a puntos de vista acertados.*

# ¡CAMBIEMOS DE OPINIÓN SI DESCUBRIMOS OTRA MEJOR!

*Seguiremos creciendo.*

Es de Ramón y Cajal este pensamiento: «Nada me inspira más veneración y respeto que un anciano que sabe cambiar de opinión».

Hermoso pensamiento. No nos importe cambiar de opinión si hay otra mejor. Será un peldaño más, en nuestra personal escala, en la búsqueda de la verdad.

Estemos pues atentos a las opiniones de los demás. Puede ser valioso el conocerlas. Pero, eso sí, hagamos como Goethe cuando decía:

«Sólo me interesa la ajena opinión cuando resuelve algo, cuando es positiva. Soplar no es tocar la flauta. Hay que saber mover los dedos».

Porque opiniones hay muchas. Con su sentido del humor, Mark Twain nos lo recordaba cuando decía:

«No sería deseable que todos pensáramos igual. La diferencia de opiniones es lo que hace posible las carreras de caballos».

Hemos de tener opiniones propias, pero no rígidas. Estar siempre dispuesto a mejorarlas. No ser esclavo de ellas. Que no es dejar de tener personalidad el cambiar de opinión, sino antes al contrario, ya que, como dicen, «sólo los tontos y los muertos nunca cambian de opinión; incluso la campana no suena todos los días con el mismo tañido».

Renan dijo: «Respetad la opinión ajena y creed que, en este mundo, nadie posee el tesoro de la verdad».

*Sí, amigo lector. Sigamos este impulso positivo:*

¡CAMBIEMOS DE OPINIÓN SI DESCUBRIMOS OTRA MEJOR!

*Seguiremos creciendo.*

# ¡DEMOS A ALGUIEN UNA NUEVA OPORTUNIDAD!

*Aseguraremos su confianza.*

HACE YA ALGUNOS AÑOS, RECUERDO HABER VISTO LA película titulada *Edison, el hombre*, que protagonizaba Spencer Tracy.

Relataba en una de sus secuencias el momento en que se había de someter a prueba la bombilla eléctrica, que, después de muchas experiencias, había sido preparada en laboratorio.

Un muchacho, un sencillo aprendiz, es designado para llevar la bombilla a la conexión preparada. Lo hace en tan mala forma que se cae y se rompe la bombilla. Todos quedan sobrecogidos y decepcionados.

Pasa cierto tiempo. Preparan en el laboratorio una nueva bombilla y llega el momento de probarla otra vez. Todos los técnicos están expectantes. ¿Quién llevará la bombilla esta vez hasta la conexión? ¿A quién designarán?

Y, en aquel momento, Edison, con mucha seguridad, sabiendo muy bien lo que hace, llama al muchacho que cayó con la bombilla la primera vez y, ante el asombro de todos los presentes, se la entrega personalmente con una cordial sonrisa.

Naturalmente, el muchacho, con una expresión de seguridad, coloca en la conexión la bombilla. Es una escena de una película... de la que podemos sacar una consecuencia: ¿Habríamos hecho nosotros lo que hizo Edison? Ayudar a que un muchacho recuperara en sí mismo la confianza, dándole una nueva oportunidad.

Quizás alguno de nosotros esté viviendo ahora alguna situación similar.

¿Hay alguna persona a la que podamos dar de nuevo una ocasión para que nos demuestre su valor?

*Sigamos, entonces, este impulso positivo:*

¡Demos a alguien una nueva oportunidad!

*Aseguraremos su confianza.*

# ¡RESPETEMOS A NUESTROS HIJOS!

*Tienen sus propios pensamientos.*

ESTE IMPULSO POSITIVO DE HOY, AMIGO LECTOR, VA destinado a todos los que tienen hijos que educar.

Fue escrito por el poeta oriental Kahlil Gibran. Dice así:

Vuestros hijos no son ...
... hijos vuestros.
Son los hijos y las hijas
de la vida, deseosa de sí misma.

Vienen a través vuestro,
pero no vienen de vosotros.
Y, aunque están con vosotros,
no os pertencen.
Podéis darles vuestro amor,
pero no vuestros pensamientos.
Podéis albergar sus cuerpos,
pero no sus almas.
Porque sus almas habitan en la casa del mañana,
que vosotros no podéis visitar, ni siquiera en sueños.
Podéis esforzaros en ser como ellos,
pero no busquéis el hacerlos como vosotros.
Porque la vida no retrocede,
ni se detiene en el ayer.
Vosotros sois el arco desde el que vuestros hijos,
como flechas vivientes, son impulsados hacia adelante.
El Arquero ve el blanco en la senda del infinito
y os arquea con Su Poder, para que su flecha vaya
veloz y lejana.
Dejad alegremente que Su mano os arquee,
porque así como Él ama la flecha que vuela,
así ama también al arco, que es estable.

Sí, amigo lector. Seamos arcos amando la flecha.

*Sigamos este impulso positivo:*

¡RESPETEMOS A NUESTROS HIJOS!

*Tienen sus propios pensamientos.*

# ¡NO ENTURBIEMOS NUESTRO PENSAMIENTO!

*Lo que tenga que ser... será.*

EL POETA PAUL TANNERY DEJÓ ESCRITO: «UNA PEQUEÑA gota de agua, aunque turbia, refleja todo un cielo». Nuestro pensamiento hace lo mismo. ¡No lo enturbiemos!

Se ha dicho que nuestra inquietud no priva el mañana de sus pesares, pero sí priva al presente de su fuerza. Hay personas que si no tienen problemas se los inventan. Les gusta ser compadecidas. Cualquier cosa que les ocurra la divulgan, la comentan, la difunden. Son personas que padecen tres clases de problemas: los que tuvieron, los que tienen y los que esperan tener.

Sigamos el consejo del escritor francés Jean Cocteau, cuando dice:

«Crearse los menos problemas posibles es la mejor manera de resolverlos».

Y no hablemos de aquellos que huyen de los problemas. Winston Churchill dejó dicho: «Si huimos ante un problema que tengamos... se nos hace más grande. Si nos enfrentamos a él con decisión, se empequeñece», que como el poeta Montaigne escribió: «El que teme padecer, padece ya lo que teme». Y, con sentido del humor, amigo lector, podemos aconsejar que no intentemos eliminar nuestros temores con unas copas. Recordemos un dicho popular: «Las penas y las preocupaciones no se ahogan en alcohol. Saben nadar».

*Sí, amigo lector. Sigamos este impulso positivo:*

¡NO ENTURBIEMOS NUESTRO PENSAMIENTO!

*Lo que tenga que ser... será.*

# ¡LO IMPORTANTE ESTÁ DENTRO!

*En un rincón de nuestra mente puede estar la solución.*

EL TRATADISTA JAPONÉS HAYAKAWA, EXPERTO EN comunicación, dijo: «El significado de las palabras no está en el interior de las palabras, sino dentro de nosotros mismos».

Y un gran pintor afirmó una vez: «La belleza que descubrimos en la naturaleza y en el arte está dentro de nuestra mente».

Estos principios, aplicables al lenguaje y a la belleza, podemos adecuarlos también cuando nos enfrentamos a algún problema. Quizá la solución esté dentro de nosotros mismos.

Cuando tengamos o estemos sufriendo una situación problemática, es como si tuviéramos atado al cuello un pañuelo. Si lo sacamos y lo extendemos ante nuestra vista, lo veremos en toda su dimensión con sus dibujos y sus colores. Con una expresión nueva que, anudado al cuello, no podíamos apreciar en plenitud.

No se trata de exponer nuestros problemas, como un pañuelo, para que también los demás lo aprecien, para que alguien, al verlo, nos diga, como por iluminación espontánea, cuál es la solución del problema. No. No busquemos consejo. Busquemos claridad. Nadie puede ver nuestro problema con mayor precisión que nosotros analizándolo en toda su extensión, como el pañuelo.

Sí. Busquemos claridad, porque es posible que, al ver el problema expuesto con mayor amplitud y definición, nos sea más fácil percibir soluciones, que también estaban dentro:

*Sí, amigo lector. Sigamos este impulso positivo:*

¡LO IMPORTANTE ESTÁ DENTRO!

*En un rincón de nuestra mente puede estar la solución.*

# ¡PONGAMOS NUESTRO CORAZÓN EN EL PENSAMIENTO!

*Así llenaremos nuestra mente de sentimientos positivos.*

El pensador Abel Dufresné escribió: «Los pensamientos están en el corazón pero se les busca en la mente». Hermosa frase que nos ayudará a idealizar el pensamiento, a sublimarlo, a embellecerlo con la riqueza del corazón.

Nuestras vidas son dirigidas por nuestros pensamientos. Todos recordamos aquellos dibujos animados de Mazinger. Mazinger era un robot enorme dirigido por un muchacho pequeño y simpático que pilotaba un minúsculo avión que, al introducirse en la cabeza del robot, conducía su gigantesca figura. Nosotros somos como esa gigantesca figura orientada, conducida, gracias a un mecanismo poderoso llamado mente y gobernada por nuestro propio pensamiento.

Vamos siempre allí donde nos señala nuestra mente.

James Allen dejó dicho: «Hoy estamos en el lugar al que nos han traído nuestros pensamientos; mañana estaremos allí donde nuestros pensamientos nos lleven».

Sí, amigo lector. El futuro de una persona está en su propia mente, en sus pensamientos. Ellos condicionan su actitud, su manera de pensar y posteriormente su manera de actuar. La raíz de nuestros resultados, en nuestra propia vida, está en la actitud, en nuestro pensamiento. Esta actitud es lo que después determinará nuestra acción.

*De ahí, amigo lector, que hoy nos animemos a seguir este impulso positivo:*

¡PONGAMOS NUESTRO CORAZÓN
EN EL PENSAMIENTO!

*Así llenaremos nuestra mente de sentimientos positivos.*

# ¡BUSQUEMOS LA PERFECCIÓN EN TODO LO QUE HAGAMOS!

*Así conseguiremos nuestro propio respeto.*

CUENTAN QUE CIERTA VEZ UN EBANISTA MOSTRABA A un cliente cuan exquisitamente terminada estaba, incluso el fondo de los cajones, una cómoda recién hecha.

El cliente, entonces, le preguntó: «¿Por qué se tomó tanto trabajo con el fondo de los cajones, si nadie los va a ver?»

A lo que el artista contestó:

«Los veré yo, señor».

He aquí un ejemplo de integridad. Ya Goethe decía: «Vale más saber bien y hacer bien una cosa que saber y hacer cien a medias», y Baltasar Gracián dejó escrito también: «No consiste la perfección en la cantidad, sino en la calidad».

Pero leamos lo que dijo un pensador de la antigüedad, aplicable aún hoy a toda persona, sea ama de casa, conductor, empleado o director:

Dijo:

«Al empezar un trabajo, por pequeño que éste sea, habríamos de decirnos a nosotros mismos: "He de hacer este trabajo, y deseo que así sea, lo más perfecto que yo pueda, bien acabado, para que los demás lo valoren por la calidad, honradez y exactitud con que fue ejecutado."»

Y llega a decir más:

«Es la perfección en la ejecución de la obra que nos toca realizar uno de los factores que contribuyen, en este mundo, a la tranquilidad de conciencia que da el deber bien cumplido».

Sí, amigo lector. Acabemos bien nuestros muebles, hasta el fondo de los cajones, por sencillo que nos parezca el trabajo que vamos a hacer.

*Sigamos este impulso positivo:*

¡BUSQUEMOS LA PERFECCIÓN EN TODO LO QUE HAGAMOS!

*Así conseguiremos nuestro propio respeto.*

# ¡SEAMOS PERSEVERANTES COMO EL AGUA!

*Que, gota a gota, con el tiempo,*
*ora construye o taladra.*

CUENTAN QUE EL ILUSTRE COMPOSITOR MOZART DIJO una vez:

«Si dejo de practicar un día el piano, lo noto. Si dejo de practicar dos días, lo notan los demás».

De ahí que la perseverancia sea una fuerza en nuestra superación personal. Hermosa lección que podemos aprender del agua, según nos dice el poeta:

En Mallorca hay una roca
que llaman La Foradada.
Se la distingue, en la costa,
por su altura, a gran distancia,
y por el hueco que tiene

en el centro de su entraña.
Hueco que, profundo y amplio,
hizo, con el tiempo, el agua.

También, en aquella isla,
son sus cuevas valoradas
por piedras hechas columna
en curiosa filigrana.
Estalactitas que suben,
estalacmitas que bajan,
estilizadas por gotas.
¡Paciente perseverancia!

Son dos ejemplos distintos
de la misma fuerza: el agua.
Un elemento sencillo
que, lento, pero sin pausa,
gota a gota, o golpe a golpe,
ora construye o taladra.

Buen ejemplo a recordar
cuando no tenga confianza.
Por sencillo que me crea
yo puedo aprender del agua,
que consigue lo difícil,
con tiempo y perseverancia.

*Sí, amigo lector. Sigamos este impulso positivo:*

¡SEAMOS PERSEVERANTES COMO EL AGUA!

*Que, gota a gota, con el tiempo, ora construye o taladra.*

# ¡DESARROLLEMOS ÁREAS DE NUESTRA PERSONALIDAD!

*Así lograremos mejorar poco a poco.*

SI QUEREMOS LOGRARLO, PRACTIQUEMOS LA AUTO-disciplina

El doctor Henry C. Link dejó escrito: «Una buena personalidad sólo se alcanza con tenacidad. Las personas no necesitan autoanálisis. Ellas conocen bien sus defectos, sus áreas a mejorar. Sólo necesitan autodisciplina».

Sí, amigo lector: Si queremos mejorar alguna área de nuestra personalidad, sólo hace falta elegirla y aplicar el método de Benjamin Franklin.

¿Y en qué consiste el método de Franklin? Es muy sencillo:

1.º Seleccionemos trece rasgos de nuestro carácter que deseamos mejorar; por ejemplo, puntualidad, orden, energía, autocontrol, etc.
2.º Elijamos una de esas cualidades e intentemos aplicarla intensamente durante una semana y así sucesivamente.
3.º Transcurridos tres meses, empecemos de nuevo por la primera cualidad propuesta.

Si seguimos este plan, conseguiremos mejorar un poco cada semana y cada vez nos será mucho más fácil, hasta conseguir dominar totalmente el área que deseamos desarrollar.

*Sí, amigo lector. Sigamos este impulso positivo:*

¡DESARROLLEMOS ÁREAS DE NUESTRA PERSONALIDAD!

*Así lograremos mejorar poco a poco.*

# ¡INTENTEMOS CONSTRUIRNOS NOSOTROS MISMOS!

## *Acabaremos descubriendo cómo somos.*

UNA DE LAS ESCULTURAS MÁS CONOCIDAS DEL MUNDO es *El pensador*, original de Rodin y expuesta en el museo de París que lleva el nombre de este escultor.

La figura parece preguntarse las típicas cuestiones básicas que preocupan a toda persona: «¿Quién soy? ¿De dónde vengo? ¿A dónde voy?». No en vano se atribuye a Rodin este pensamiento: «¡Dios mío! ¡Cuánto tiempo tardaré aún en sacarme el mármol que me separa de mi estatua!». Parece como si el artista nos insinuara que sólo construyéndonos llegaremos a saber cómo somos.

El mismo pensamiento inspiró este poema:

Cada vez que logro algo en mi vida
me he sentido más completo en mi interior
y es que la meta conseguida era una pieza
de este rompecabezas que soy yo.

Extraña construcción la que compongo,
que, a veces, creo hacer sin ton ni son,
pues nadie me ha enseñado a hacer las piezas.
Ni siquiera el modelo se me dio.

Pero he de seguir fijándome objetivos
que encajen en mi propia dimensión
y lograrlos, pues sólo al conseguirlos
acabaré descubriendo quién soy yo.

Que si eso es verdad, como presiento,
habré de hacerlos antes y mejor.
Así podrán decir de mí algún día:
«Se supo construir. ¡Se realizó!»

*Sí, amigo lector. Sigamos este impulso positivo:*

¡INTENTEMOS CONSTRUIRNOS NOSOTROS MISMOS!

*Acabaremos descubriendo cómo somos.*

# ¡NUNCA HA EXISTIDO NADIE IGUAL!

## *Todos somos diferentes.*

Sí. ¡Todos somos diferentes!

El escritor Og Mandino, en su libro *El milagro más grande del mundo* nos dice que, de los 70.000 millones de personas que se calcula que han pasado ya por el planeta Tierra, nunca ha existido una persona igual a otra.

Amigo lector: Nunca ha existido una persona igual. Eso, que ya sabíamos, o cuando menos suponíamos, nos habría de hacer meditar por su importancia. Si en las huellas dactilares somos distintos, y nos clasificamos por ellas ¿cómo no hemos de serlo en la suma ponderada de valores, cualidades y habilidades que cada uno de nosotros tiene?

Habríamos de pensar: Lo que yo haga, con mis propias cualidades, nadie puede hacerlo por mí en este mundo, ya que nadie hay como yo. Y como nunca puedo compararme a otra persona, nunca sabré lo que yo podré llegar a conseguir, siendo distinto a todos como soy, hasta que intente y pruebe.

Un gran filósofo nos dejó un curioso pensamiento. Dice así: «Tus deseos son pistas». ¿Qué significa? Que aquello que alguna vez hemos deseado hacer era una pista para que nuestra fuerza interior pusiera en marcha todo nuestro delicado mecanismo personal e intentáramos llegar a conseguirlo.

Nadie desea llegar a ser aviador si no tiene latente una habilidad para llegar a serlo. Podríamos decir que «Tus vocaciones son pistas». Así pues, siguiendo el pensamiento de los grandes filósofos, procuraremos siempre ser fieles a nuestros deseos y nuestras vocaciones, porque son pistas. Sí, pistas para llegar a descubrir que, siendo distinto de los demás, mis características encajan mejor en unas tareas que en otras.

Que, aunque nosotros quisiéramos ser pintores, sólo podía haber habido un Picasso, un Velázquez o un Greco. Todos pintamos de manera distinta.

*Sí, amigo lector. Atendamos a este impulso positivo:*

¡NUNCA HA EXISTIDO NADIE IGUAL!

*Todos somos diferentes.*

# ¡INTENTEMOS LO QUE PARECE IMPOSIBLE!

*Quizás así consigamos lo posible.*

Es nuestra actitud, nuestra forma de pensar, lo que hace algo posible o imposible», dijo Marco Aurelio.

Estando yo en Panamá asistiendo a una conferencia que daba un experto en comunicación, fui testigo de un fenómeno muy curioso.

En un momento de la conferencia, el experto en comunicación repartió, entre los asistentes, patatas crudas y entregó también lo que allí llaman «carrizos», o sea, pajitas, rollitos largos y delgados de papel para sorber refrescos, y preguntó: «¿Creen ustedes que es posible introducir un carrizo en una patata?» Unos dijeron que sí y otros dijeron que no.

Él, entonces, afectuosamente, invitó a los asistentes a que lo probaran, diciendo: «¡Intenten!» Y todos probaron.

Amigo lector. Sólo introdujeron el carrizo, en la patata, aquellos asistentes que, decididos, habían dicho: «¡SÍ!». La seguridad que tenían les dio la fuerza, la decisión, el empuje, la habilidad necesaria para dar el golpe preciso con certeza. Sólo ellos introdujeron el carrizo en el interior de la patata.

Valga esta analogía para valorar la gran importancia de nuestra actitud.

Se cuenta jocosamente que en el centro de África existe una mosca cuyo peso es tal que, técnicamente, a causa de la poca dimensión de sus alas, la fuerza de la gravedad no le permite volar, pero, como la mosca no lo sabe, ¡vuela!

Muchos inventos nacieron fruto de la actitud de personas que no sabían que era imposible… y ¡lo consiguieron!

*Valga este comentario de algo curioso que conocí una vez para animarnos a seguir este impulso positivo:*

¡INTENTEMOS LO QUE PARECE IMPOSIBLE!

*Quizás así consigamos lo posible.*

# ¡CUANDO HAGAMOS ALGO A NUESTRA SATISFACCIÓN, DÉMONOS A NOSOTROS MISMOS UN PEQUEÑO PREMIO!

*Eso nos impulsará a seguir mejorando.*

HACE AÑOS TUVE UNA SECRETARIA MUY EFICIENTE que, de vez en cuando se compraba un ramo de flores. Es normal que muchas mujeres lo hagan para decorar su propio hogar, su despacho o su establecimiento, pero ella lo hacía en ocasiones muy especiales.

Un día me lo confesó:

—Sí. Cuando resuelvo algún problema, cuando hago un informe del que he quedado satisfecha, cuando soluciono algo que me costaba hacer, me animo y me digo: «¡Esto te ha salido bien!», y, cuando salgo a la calle, me compro un ramo de flores.

Me llamó la atención su original idea y más de una vez he pensado en ella.

Amigo lector. Todos sabemos que muchos domadores, para estimular y educar a los animales cuando hacen algo bien, les premian con terrones de azúcar. Lo hemos visto más de una vez en el circo. Esto les anima a seguir mejorando.

Eso mismo podemos hacer para domar nuestra propia actitud. Lo mismo que hacía mi secretaria al comprarse un ramo de flores si algo le salía bien. Así domaremos y estimularemos positivamente nuestra actitud.

¿Por qué no adoptamos esta costumbre? Elijamos nosotros mismos el premio. Algo que nos apetezca: tomar un café o un refresco. Irnos al cine. Comprarnos un libro. O dar un sencillo paseo. Un pequeño premio.

Sí. Cuando logremos algo difícil, cuando consigamos un objetivo, cuando hagamos algo de lo que nos sintamos satisfechos, premiémonos a nosotros mismos. Eso nos va a estimular para seguir mejorando.

*Sí, amigo lector. Sigamos este impulso positivo:*

¡CUANDO HAGAMOS ALGO A NUESTRA SATISFACCIÓN,
DÉMONOS A NOSOTROS MISMOS
UN PEQUEÑO PREMIO!

*Eso nos impulsará a seguir mejorando.*

# ¡EVITEMOS AUMENTAR NUESTROS PROBLEMAS CON ABSURDAS PREOCUPACIONES!

## *Así podremos solucionarlos mejor*

Un proverbio oriental nos dice: «No existe un solo ser humano sin problemas y si existiera no sería un ser humano». Y tiene razón el proverbio. Todos tenemos problemas. Grandes, medianos o pequeños, o los hemos tenido o los tenemos. Podríamos decir que es parte del juego de vivir enfrentarnos a nuestros problemas. Pero una cosa es eso, que sean problemas, y otra es convertirlos en absurda preocupación, que, como alguien dijo: «La preocupación apaga la luz de nuestra inteligencia y dificulta la energía de nuestra voluntad». O sea, bloquea nuestra mente.

Si pensamos un momento en ello, apreciaremos que, alrededor nuestro, hay personas que pierden más tiempo y energía en hablar y quejarse de sus problemas que en intentar resolverlos. Es como si los problemas fueran pajarracos a los que, en vez de ahuyentarlos, hiciéramos un nido en nuestro cerebro.

Cuando el tratadista Lorayne nos dice: «La mayoría de los problemas bien planteados y definidos están de antemano prácticamente solucionados», nos orienta claramente. Es como si elimináramos la sílaba «pre» de la palabra «pre-ocupación». Inteligente ocupación, sí, pero nunca absurda pre-ocupación. Ocupémonos, pero no nos preocupemos.

Porque lo que ya sucedió, sucedió ya. El problema existe. Lo importante es saber aceptarlo como un hecho que ya ha ocurrido. Que, como William James creador de la Escuela Pragmática, nos dejó dicho: «La aceptación de lo que ha sucedido es el primer paso para superar las consecuencias de cualquier desgracia».

«Todo es cuestión de imaginación. Las preocupaciones dependen menos de las cosas que se padecen que de la imaginación con que se aumenta nuestra desventura».

*Sí, amigo lector. Sigamos este impulso positivo:*

¡EVITEMOS AUMENTAR NUESTROS PROBLEMAS
CON ABSURDAS PREOCUPACIONES!

*Así podremos solucionarlos mejor.*

# ¡PREVEAMOS LAS COSAS CON LA DEBIDA ANTELACIÓN!

*Así llegaremos siempre a tiempo.*

SE CUENTA QUE, UNA VEZ, UN CONEJO ESTABA VIENdo como un caracol subía, poco a poco, por un cerezo.

—¿A dónde vas? —le preguntó el conejo.

—Voy arriba a comer cerezas.

El conejo, asombrado, exclamó:

—Pero ¿no ves que aún están verdes?

—Sí, le contestó el caracol muy pausadamente. Pero cuando yo llegue a la copa del árbol, ya habrán madurado.

Sírvanos esta vieja fábula para recapacitar en la fecha que estamos: ¿Qué cosas tenemos que resolver dentro de cierto tiempo? ¿Quizá seis meses? ¿Quizás un año? Pensemos a tiempo cuánto tardaremos en ultimar el trabajo que, en aquel entonces, habrá de estar acabado.

Que como dice un pensador: «Aquella persona, por lenta que sea, que no pierde nunca de vista el fin va siempre más veloz que el que vaga y deambula sin perseguir un punto fijo».

O como Periandro escribió: «Decidid cuál es el tiempo más oportuno».

Eso es lo que se hace en el lanzamiento de cohetes espaciales. Complejos ordenadores nos ayudan a calcular las trayectorias de los cuerpos celestes que queremos alcanzar en una fecha dada, ya sean Júpiter, Marte o la Luna. De la misma manera que nuestro simpático caracol calculaba que estarían maduras las cerezas cuando él llegaría a la copa del árbol.

«Que no llegan los que más corren, sino los que saben a dónde van; más que ligereza de las piernas es menester cabeza clara».

*Sí, amigo lector. Sigamos este impulso positivo:*

¡PREVEAMOS LAS COSAS CON LA DEBIDA ANTELACIÓN!

*Así llegaremos siempre a tiempo.*

# ¡ACTUEMOS CON PRUDENCIA!

## *Utilicemos siempre lo mejor de nuestros valores*

LA PRUDENCIA —ESO QUE TANTAS VECES NOS ACONsejan los demás y que nosotros aconsejamos también— sólo consiste en saber distinguir lo que es bueno de lo que es malo, para seguirlo o huir de ello.

Los psicólogos dicen que las personas actuamos como si fuéramos tentetiesos: yendo de un lado para otro en razón del imán que atrae o del viento que sopla. La persona va hacia aquello que le produce placer. Huye de aquello que ve como peligro y se queda quieta, se afirma, en lo que le da seguridad. Como un tentetieso.

Prudencia consiste en la elección de lo que hay que hacer o no hacer. El ingenio es el que juzga, sentencia y define.

Cuando decimos: «¡Haz esto!», lo hacemos y, si

no sale como queríamos, nos autocriticamos: «Tenías que haber sido más prudente».

Como Publio Siro decía: «La prudencia suele faltar cuando más se la necesita».

Alfonso el Sabio nos dejó escrito: «La prudencia hace ver las cosas y juzgarlas rectamente, según son y pueden ser... Y obrar en ellas como debe ser y nunca arrebatadamente».

Ramon Llull nos dijo eso mismo con otras palabras: «La prudencia es virtud gracias a la cual las personas sabias eligen aquello que es bueno y evitan lo que es malo».

Quiza de la prudencia se haya dicho todo, pero una buena observación nos viene del filósofo Nieremberg cuando dice: «El oficio de la prudencia es enseñar y llevar por buen camino a tus propias virtudes».

Y aquí está el mejor impulso positivo para actuar con prudencia: Haz siempre aquello para lo que estés dotado, con tu habilidad, con tu valor, con tu virtud, y evita aquello que no te va, aquello en que tu no te sientas cómodo. Aquello que, como dice Nieremberg, no encaje con una de tus virtudes.

Sí, amigo lector. Enfoquemos el día de hoy con prudencia, haciendo lo que nuestra habilidad nos oriente.

*Sigamos este impulso positivo:*

¡ACTUEMOS CON PRUDENCIA!

*Utilicemos siempre lo mejor de nuestros valores.*

# ¡AGARREMOS LAS COSAS POR EL LADO QUE NO QUEMAN!

*Así podremos manejarlas mejor.*

A VECES NOS VEMOS ANTE SITUACIONES DELICADAS que no sólo nos afectan a nosotros, sino a otras personas que nos rodean, sean familiares, amigos o conocidos, y, al intentar manipularlas con la mejor de las intenciones, nos hemos quemado las manos, valga la comparación.

Es posible que usted, amigo lector, recuerde ahora alguna circunstancia en que eso le ocurrió.

Tengo un buen amigo que utiliza frecuentemente esta frase: «Eduardo, hemos de agarrar siempre las cosas por el lado que no queman si queremos manejarlas bien». Y tiene toda la razón.

Pero ¿cuál es el lado que no quema? se preguntará. El lado que no quema es el beneficio. ¿Qué hay de beneficio en la situación? ¿Qué ventaja podemos obtener para nosotros o para los demás en un momento candente? Porque no olvidemos que todas las cosas son menos terribles de lo que parecen y en la vida no hay nunca situación tan mala que no tenga arreglo. Todo estriba en ver cuál es el lado que no quema, cuál es el lado bueno que queda aún, el ángulo beneficioso por donde podemos agarrar la situación.

Que no nos nuble nuestra vista la angustia del momento y que no nos impida ver el agarrador que, como Séneca nos dejó dicho, «quien se aflige antes de tiempo, se aflige más de lo necesario».

Sí, amigo lector. Ante cualquier situación o circunstancia delicada que se nos presente, busquemos que queda de beneficioso o positivo en ella.

*Sigamos este impulso positivo:*

¡AGARREMOS LAS COSAS POR EL LADO QUE NO QUEMAN!

*Así podremos manejarlas mejor.*

# ¡ACABEMOS DE REALIZARNOS NOSOTROS MISMOS!

*Estamos aún en el día séptimo.*

Fue Rainer Maria Rilke, quien nos dejó una leyenda como lección para ayudarnos a entender que cada uno de nosotros tiene que formar su propia vida. Que somos libres de concluir nuestra propia existencia.

Pocas veces se ha visto reflejada tan claramente la libertad de la persona como en la *Historia de las manos de Dios*, de Rainer Maria Rilke. Leámosla:

«Las manos de Dios estaban esculpiendo al

hombre cuando Dios vio caer algo oscuro por el firmamento. Asaltado por un siniestro presentimiento, llamó a sus manos. Éstas comparecieron, sucias de barro, cálidas y trémulas. "¿Dónde está el hombre?", les preguntó..

»La mano derecha dijo a la izquierda: "Tú lo has dejado escapar". La izquierda, enfadada, exclamó: "Tú querías hacerlo sola. Tenías que haberlo retenido". Se miraron y tuvieron las dos la misma idea.

»Las manos dijeron a Dios: Era tan impaciente el hombre. A cada momento quería ya empezar a vivir. Nada pudimos hacer para impedirlo. Ahora tendrá que acabarse solo».

Y acaba Rilke diciendo: «Por eso estamos aún viviendo el día séptimo.»

Sí, amigo lector. Ésta es una hermosa narración de un escritor, pero también es una leyenda que simboliza una visión positiva de la vida de cada persona. El hacernos responsables de acabar nuestra propia obra en este apasionante camino de vivir.

*Sí, amigo lector. Sigamos este impulso positivo:*

¡ACABEMOS DE REALIZARNOS NOSOTROS MISMOS!

*Estamos aún en el día séptimo.*

# ¡CONOZCAMOS BUENOS REFRANES, MÁXIMAS Y SENTENCIAS!

*Y esforcémonos en aplicarlos.*

PASCAL DEJÓ ESCRITO:

«Todas las buenas máximas existen en el mundo; sólo falta aplicarlas».

Este principio de práctica de las máximas es aconsejado continuamente por grandes pensadores.

«Porque si con refranes y no con leyes se gobernara, el mundo andaría mejor que anda».

Isócrates nos dejó dicho: «Una colección de bellas máximas es un tesoro más grande que todas las riquezas del mundo».

Pero, cuidado, amigo lector, hay que aplicarlas bien, pues, como Cervantes dice: «El refrán que no viene a propósito antes es disparate que sentencia».

Tengo un amigo que busca principios que se adapten a su personalidad. Los tiene recogidos en un libro y de vez en cuando los repasa para apreciar si los sigue fielmente o no.

Él fue quien me dejó este escrito de Joubert, para usted, amigo lector: «Una máxima o un refrán es la expresión exacta y noble de una verdad importante. Las buenas máximas fuertemente grabadas en la memoria nutren la voluntad. Son para la inteligencia lo que las leyes para la conducta: guían, dirigen y conducen suavemente, pero con firmeza».

En nuestros impulsos positivos aparecen máximas, refranes, proverbios, porque son portadores de ideas amplias, destiladas y condensadas en su esencia. Mucha sustancia en poco espacio.

Como modernamente las técnicas publicitarias los definen, los eslóganes son un mínimo de sonido con un máximo de sentido.

Sí, amigo lector. Como todas las buenas máximas existen en el mundo, sólo falta ponerlas en práctica.

*Sigamos este impulso positivo:*

¡CONOZCAMOS BUENOS REFRANES, MÁXIMAS Y SENTENCIAS!

*Y esforcémonos en aplicarlos.*

# ¡RIAMOS A GUSTO!

## *Así estimularemos nuestra mente.*

LA TEORÍA DE QUE LAS EXPRESIONES FACIALES AFECtan a la función cerebral fue expuesta por primera vez, hace más de ochenta años, por Israel Waynbraum en un libro, publicado en París, titulado *Fisonomía humana*. Dijo «La risa es la expresión máxima de felicidad. Aumenta el flujo circulatorio y la oxigenación del cerebro. Las lágrimas que se vierten cuando uno ríe intensamente son el medio natural de liberar la presión que se acumula en el cerebro. Reír es muy sano».

Busquemos oportunidades para expresar abiertamente nuestra alegría que, como el pensador Chamfort dejó escrito, «el más inútil de todos los días es aquel en que no hemos reído».

Sí, amigo lector. No nos reprimamos si algo nos hace reír a gusto hoy. Algún comentario oído por la radio. Alguna escena vista en la televisión. Algo leído en un libro. ¡Riamos a gusto! No retengamos el sano chorro que mana de la fuente de nuestra alegría. Recordemos al sabio Salomón cuando dice: «La mejor medicina es un ánimo gozoso». Principio que confirma el escritor Longfellow en su frase: «La alegría, la moderación y el reposo dan con la puerta en las narices al doctor».

Sí. «La alegría expresada a través de la risa es el ingrediente principal en el compuesto de la salud».

¡Cuántas figuras de la historia nos han valorado la alegría! Entre ellas, Federico el Grande cuando dijo: «Todo en el mundo es locura. Todo menos la alegría».

Intentemos reír a gusto hoy... si la ocasión se presenta. No pongamos compuertas al río de nuestra alegría. Seamos abiertos, cordiales, honestos y generosos con nuestra risa.

Y no olvidemos, cuando estemos con los demás, aquel sabroso proverbio chino que dice: «Desconfía de aquel cuyo estómago no se mueve cuando ríe».

*Sí, amigo lector. Sigamos este impulso positivo:*

¡RIAMOS A GUSTO!

*Así estimularemos nuestra mente.*

# ¡APRENDAMOS A RELAJARNOS!

## *Eso nos dará mayor energía y vitalidad para vivir*

UNA VEZ UN ATLETA OLÍMPICO DIJO: «LA VIDA NO ES una carrera de velocidad. Es una carrera de fondo».

Los indios, según explica Karl May en *El último mohicano*, acostumbran a descansar mientras corren. Cuando tienen que hacer grandes recorridos, descargan todo el peso de su cuerpo sólo sobre una de sus piernas mientras la otra descansa. Al cabo de un tiempo, cuando notan cansada la pierna con la que dirigen su carrera, cambian apoyando su peso en la que está relajada y así siguen corriendo kilómetros.

El psicólogo George Frederick en su obra *Dinámica inversa* nos aconseja aprovechar cuantas ocasiones se nos presenten, por reducidas que sean, para relajarnos:

«Aunque sólo sea, durante cinco minutos, e incluso durante las horas de trabajo, aproveche usted cualquier oportunidad para suprimir o reducir la tensión cerebral y muscular a las que se ve sometido. Aproveche cualquier período de tiempo intermedio —un trayecto en autobús, en metro o en taxi— para relajar los músculos y la tensión de la mente, cerrando los ojos y descansando durante este tiempo. Estos pequeños intervalos que de otro modo se desperdiciarían ya que la tensión habitual proseguiría, con el afán de llegar más pronto o pensando en detalles del programa a realizar, serán preciosos y útiles si se utilizan adecuadamente; el corazón, el cerebro y los músculos necesitan descansar, como se necesita reducir la temperatura del radiador del coche cuando es muy elevada».

Amigo lector. Sigamos las orientaciones del psicólogo Frederick. Aprovechemos todos los momentos que se nos presenten para relajarnos, que la vida no es una carrera de velocidad. Es una carrera de fondo.

*Sí, amigo lector. Sigamos este impulso positivo.*

¡APRENDAMOS A RELAJARNOS!

*Eso nos dará mayor energía*
*y vitalidad para vivir.*

# ¡SEPAMOS DÓNDE NOS APRIETA EL ZAPATO!

## *Pero evitemos juzgar dónde les aprieta a los demás.*

Nos cuenta Plutarco en una de sus historias, que en aquellos tiempos de la antigüedad había un romano que decidió separarse de su mujer abandonándola.

Sus amigos, le recriminaron por ello, pues no veían claros los motivos de aquel divorcio:

«—¿No es hermosa?» —preguntaban.

«—Sí. Lo es. Y mucho»

«—¿No es, acaso, casta y honrada?»

«—Sí. También lo es».

Extrañados, insistían en conocer el motivo que había llevado a su amigo a tomar una determinación tan extrema. El romano, entonces, se quitó un zapato y mostrándolo a sus amigos les preguntó:

—¿Es bonito?

—Sí. Está bien —dijeron ellos.

—¿Está bien construido?

—Sí. Eso parece —todos aprobaron.

Y entonces él, volviéndoselo a calzar, les aseguró: «Pero ninguno de vosotros puede decir dónde me aprieta».

Sí, amigo oyente. De ahí viene la típica frase que hemos oído alguna vez: «¿Dónde me aprieta el zapato?» Nadie puede saberlo sino el mismo que lo usa.

Nadie más que uno mismo puede estar en sus propios zapatos.

Los cheyenes, indios americanos, tienen una frase que encaja con lo expresado. Dice: «Para conocer a una persona, hemos de andar muchos kilómetros con sus propios mocasines».

Algo similar al proverbio español: «No conocerás a nadie hasta haber consumido con él un saco de sal».

De ahí el respeto que nos han de inspirar las decisiones ajenas. Siempre corresponden a situaciones que desconocemos. Y es que no estamos en los zapatos de la otra persona.

*Sí, amigo lector. Sigamos este impulso positivo:*

¡SEPAMOS DÓNDE NOS APRIETA EL ZAPATO!

*Pero evitemos juzgar dónde les aprieta a los demás.*

# ¡SEAMOS RESPONSABLES!

*Sepamos responder adecuadamente.*

¿DE DÓNDE PROVIENE LA PALABRA «RESPONSABILIDAD»? Del verbo latín *respondere*. O sea, responder, contestar a una pregunta.

Hemos oído, a veces, decir: «¡Es que tú no eres responsable!» sin tener idea clara del sentido de la palabra «responsabilidad».

Cuando a alguien le dan un objetivo a cubrir, es como si le hicieran una pregunta. Si cumple bien el objetivo encomendado, sea el que sea: organizar una comida, o cuidar un enfermo, o vender un determinado producto. Si lo ha cumplido bien, aquella persona ha sabido responder a la pregunta, que era el objetivo. Y la verdad es que todos vivimos rodeados de preguntas, o sea, de objetivos. Tenemos un hijo. Es una pregunta. ¿Respondemos bien educándolo adecuadamente?

Nos nombran para un empleo con un determinado objetivo. ¿Respondemos a cuanto nos asignan, cumpliendo bien el propósito del cargo?

Nos encomiendan la redacción de un informe. ¿Lo tenemos a punto en la fecha prevista?

Lo importante es saber la diferencia entre objetivo y tarea. Objetivo es lo que hemos de lograr, o sea, la pregunta que nos hacen. Tarea es la cosa que hemos de hacer para lograr el objetivo, o sea, la contestación que hemos de dar. Objetivo, la pregunta. Tarea, la contestación.

Por eso algunas veces alguien no es responsable porque nadie le hizo pregunta alguna. Le dijeron lo que había de hacer, la tarea, sin saber cuál era la pregunta que había de contestar. Sin permitir que él aplicara su propia creatividad para responder más eficazmente.

«Juanito, ¡ve a estudiar!» Es una tarea. «Juanito saca, por lo menos, notable en esta asignatura. ¡Tú puedes!» Es el objetivo.

*Sí, amigo lector. Sigamos este impulso positivo:*

¡SEAMOS RESPONSABLES!

*Sepamos responder adecuadamente.*

# ¡DESCUMBRAMOS LA GRANDEZA DE LAS PERSONAS SENCILLAS!

## *Algo aprenderemos de ellas.*

CUENTA LA LEYENDA QUE EN LA ANTIGÜEDAD, CIERTA vez, Alejandro Magno sintió el deseo de conocer personalmente al gran sabio Diógenes, de cuya inteligencia, discreción y sencillez tan bien le habían hablado.

Con su carruaje y su cortejo se dirigió a cierto lugar de la llanura en donde el personaje estaba reposando. Dicen que, al llegar, en su intento de ser generoso con el sabio, le preguntó qué es lo que más anhelaba tener en aquel momento.

—¿Qué deseas de mí? ¿Qué quieres que te ofrezca?

A lo que Diógenes, con una cordial sonrisa y con respeto, ante la mirada sorprendida de los presentes le pidió:

—Por favor. Que te apartes, para que no me quites el sol.

Cuentan que le gustó a Alejandro Magno aquella contestación. El sabio no le pidió riquezas, ni honores, ni propiedades. Sólo pidió poder disfrutar del sol.

El poeta Leopardi escribió: «Es curioso observar que casi todas las personas que valen mucho son de maneras sencillas y que, dolorosamente, son tomadas por indicio de poco valor».

Balmes fue más duro cuando dijo: «Los grandes hombres son sencillos y los mediocres son ampulosos, por la misma razón que los cobardes son bravucones y los valientes, no».

Sí. Para darse por satisfecho con lo sencillo se necesita ser un alma grande, como Diógenes.

Fijémonos en las personas que encontremos hoy y apreciaremos que algunas de ellas nos dan diariamente lecciones de sencillez.

Que, como dijo el poeta:

Todo el arte de vivir
con paz y resignación
está en saber alegrase
con cada rayo de sol.

*Sí amigo lector. Sigamos este impulso positivo:*

¡DESCUBRAMOS LA GRANDEZA DE LAS PERSONAS SENCILLAS!

*Algo aprenderemos de ellas.*

# ¡EVITEMOS QUE CUANTO NOS OCURRA AFECTE A NUESTRO SENTIMIENTO!

*Sólo nosotros podemos lograrlo.*

«SOMOS NOSOTROS QUIENES DAMOS PERMISO A LAS cosas que nos pasan para que afecten a nuestro sentimiento. Nada me va a afectar si yo no lo autorizo». Esta frase la emitió un psicólogo con motivo de un incidente que, ante mí, le ocurrió en un restaurante.

El camarero le sirvió incorrectamente un plato, tirándoselo casi sobre la mesa. Otra persona, en la misma situación, se habría irritado increpándole por su conducta.

Mi amigo sonrió, no hizo caso y siguió comiendo tranquilamente, sin alterarse. Ante mi extrañeza, me dijo. Si yo me hubiera enfadado, habría sido como si, en mi interior, yo me hubiera dicho: «Yo permito que este camarero, con su incorrección, cambie mi estado de ánimo y permito que esto provoque en mi una reacción violenta». Sin embargo, si yo me digo a mí mismo: «No voy a permitir que este camarero, con su comportamiento negativo, altere mi estado de ánimo. No, no permito que esta persona me ponga nervioso», yo estoy controlando mi sentimiento, no él.

Me llamó mucho la atención la fuerza que, según me dijo, tenía la frase: «No permito. No voy a permitir». Significa como una barrera, como esas capas de plástico transparente que protegen ciertas plantaciones de las inclemencias del tiempo.

Esta idea es fácil de entender. Quizá no tan fácil de llevar a término.

Intentémoslo, amigo lector. Al primer contratiempo que tengamos, pongamos nuestra barrera: «No voy a permitir que esto me afecte». Y veamos cómo funciona. Nuestro sentimiento no se verá afectado porque nosotros no le habremos dado permiso. Que, como dijo el psicólogo, «un sentimiento es la reacción que yo elijo tener ante un hecho determinado».

*Sí, amigo lector. Sigamos este impulso positivo:*

¡EVITEMOS QUE CUANTO NOS OCURRA AFECTE A NUESTRO SENTIMIENTO!

*Sólo nosotros podemos lograrlo.*

# ¡DEMOSTREMOS EMPATÍA POR LOS DEMÁS!

*Nos ganaremos su simpatía.*

¿QUÉ ES EMPATÍA? ¿QUÉ ES SIMPATÍA? SE ESTARÁ usted preguntando. Aclarémoslo.

Simpatía es: «Siento como tú sientes». Empatía es: «Sé cómo sientes, pero yo tengo la cabeza clara para pensar ahora por ti. Voy a ayudarte».

Ante la muerte de un familiar puede uno, por simpatía, llorar junto a la familia y, sin darse cuenta, agudiza el dolor. No ayuda.

Pero, si aplicamos empatía, podemos ayudar a

preparar, en el velatorio, leche caliente o caldo, aconsejar a quien está muy desconsolado, o disponer dolorosos preparativos.

Imaginemos una hipotética situación: Vemos a un amigo a punto de suicidarse. Está paseando por la pasarela de un puente altísimo que da a un río caudaloso. Si reaccionamos por simpatía, es posible que, inconscientemente, de nuestra garganta salga un grito de aviso: «¡Pepe! ¡No te tires!» Y quizá sea ese grito el que le dé el impulso que le faltaba para lanzarse al río. Hemos actuado de buena fe, con simpatía, pero NO con empatía.

Sin embargo, alguien que hubiera actuado con empatía, percibiendo la tensión del momento, quizás hubiera intentado distraerle con suavidad, llamando su atención sobre un punto sorprendente del paisaje o algo absurdo de su vestimenta, distrayéndole, alejando su mente de la idea suicida. Eso hubiera sido actuar con empatía. Intentar salvarle con la cabeza clara, que él no tenía.

Sí, amigo lector. Simpatía es: «Siento como tú sientes». Empatía es: «Sé cómo sientes, pero yo tengo la cabeza clara para pensar por ti. Voy a ayudarte».

*Sí, amigo lector. Sigamos este impulso positivo:*

¡DEMOSTREMOS EMPATÍA POR LOS DEMÁS!

*Nos ganaremos su simpatía.*

# ¡SONRIAMOS, POR FAVOR!

*La sonrisa es contagiosa.*

CIERTA VEZ, UN BUEN AMIGO MÍO, JOSÉ MARÍA, ME explicó un incidente que, a pesar de su sencillez, le conmovió.

Me dijo: «Conducía por la ciudad, con tráfico muy intenso, agobiado por el calor y con varios problemas por resolver. Estaba absorto en mis pensamientos cuando me apercibí de que, parado junto a mí ante el semáforo, había un taxi conducido por un profesional ya de cierta edad, con el ceño fruncido como yo. En aquel momento se me ocurrió pensar que él se pasaba todo el día dentro del coche en medio de aquel tráfico de agobio y yo tan sólo el tiempo de mi desplazamiento. El taxista me miró y yo, automáticamente, le dirigí una sonrisa en la que debió de salir a flote mi pensamiento: «Menudo día ¿verdad? Y usted tiene que aguantarlo, con el tráfico y este calor».

Debí de expresar con mi sonrisa aquella espontánea expresión de afecto, porque él me devolvió cordialmente otra sonrisa, con un mensaje silencioso: «Pues ya lo ve usted. Para eso estamos».

Jose María acabó diciéndome: «Cambió el color del semáforo y siguió cada uno su recorrido. Siempre he recordado aquella sonrisa. Me animó todo el día pensar en aquella cordial contestación a un sencillo mensaje de simpatía. Recordé el conocido principio: la sonrisa es contagiosa».

Sí, amigo lector. Como Marden dijo: «La sonrisa es una verdadera fuerza vital. La única capaz de mover lo inamovible». Y alguien confirmó: «La sonrisa es una curva que endereza muchas situaciones torcidas».

¿Tenemos hoy alguna situación que una sonrisa podría ayudarnos a enderezar? ¿Algún contacto difícil? ¿Alguna persona arisca con la que establecer contacto? Agudicemos con ella nuestra sonrisa. El escritor Baudelaire escribió: «Una gran sonrisa convierte una cara normal en un hermoso rostro de gigante». Y el poeta Horacio dejó escrito: «Sonriendo, nada impide decir la verdad.»

*Sí, amigo lector. Sigamos este impulso positivo:*

¡SONRIAMOS, POR FAVOR!

*La sonrisa es contagiosa.*

# ¡AFILEMOS NUESTRAS HERRAMIENTAS!

## *Ganaremos tiempo al hacer el trabajo.*

CUENTAN QUE A UN PUEBLO DEL CANADÁ BAJÓ UN leñador de los altos bosques, buscando un muchacho joven que le ayudara en la tala. Lo contrató para el trabajo. El primer día cortó veinte árboles. A la segunda semana, sólo quince árboles por día, y así fue bajando su producción, hasta talar tan sólo siete u ocho al día.

El viejo leñador llamó al joven y le preguntó:

—¿Qué te pasa? ¿Ya no te gusta el trabajo?

—¡Oh! Sí, señor. Me gusta talar árboles.

—Ya lo entiendo. Trabajas menos horas.

—¡Oh! No, señor. Trabajo más.

—Entonces, ¿es que no pones tanto entusiasmo como al principio?

—¡Oh! No, señor. Pongo más.

—No lo entiendo. Te gusta el trabajo. Haces más horas y pones más entusiasmo. ¿Cómo es que cortas menos? A ver. Déjame ver.

Y cogiendo el hacha que llevaba el muchacho, vio que ésta no tenía filo.

—Pero, ¿con esta hacha talas los árboles? ¿Por qué no la has afilado?

—No podía, señor. No tenía tiempo. Tenía que cortar árboles.

Amigo lector. Quizás a nosotros nos pase algo similar. Invirtamos tiempo en conocer bien un mecanismo, en dominar un idioma, en ser experto en una profesión, en mejorar una habilidad. Nunca será tiempo perdido, pues, según dice un proverbio francés: «No se pierde el tiempo, cuando se afilan las herramientas».

*Sí, amigo lector. Sigamos este impulso positivo:*

¡AFILEMOS NUESTRAS HERRAMIENTAS!

*Ganaremos tiempo al hacer el trabajo.*

# ¡NO CORRAMOS ANGUSTIADOS TRAS EL TIEMPO!

*Vayamos despacio junto a él y nos seguirá como un buey manso.*

BENJAMIN FRANKLIN, EL INVENTOR DEL PARARRAYOS, preguntó una vez: «¿Amamos la vida? Entonces no la malgastemos. No la desaprovechemos. No malgastemos el tiempo. Porque el tiempo es la primera materia con la que nosotros tejemos nuestra propia vida».

Sobre la búsqueda del tiempo, un poeta nos dejó estos pensamientos:

«Todos los que te buscan, tiempo,
dicen que no te pueden hallar.

Que te escurres,
como el agua entre las manos,
como la espuma en el mar.
Todos los que te buscan, tiempo,
se quejan de que no esperas,
que, cuando ellos vienen,
tú te vas.
Que, como a la propia sombra,
no te pueden alcanzar.
Todos los que te buscan, tiempo,
los llevas corriendo detrás.
Siempre corren, corren y corren,
porque no saben que, para alcanzarte,
tiempo,
sólo hay que hacer una cosa:
¡parar!

Sí, amigo lector. Paremos o vayamos despacio, como Juan Ramón Jiménez nos dejó dicho:

> «Ve deprisa
> y el tiempo irá delante de ti,
> como una mariposa esquiva.
> Ve despacio
> y el tiempo irá a tu lado
> como un buey manso».

*Sí, amigo lector. Sigamos este impulso positivo:*

¡NO CORRAMOS ANGUSTIADOS TRAS EL TIEMPO!

*Vayamos despacio junto a él y nos seguirá como un buey manso.*

# ¡CREAMOS QUE PODEMOS HACERLO!

*El valor está en nuestra mente.*

EL DOCTOR CHRISTIAN BARNARD, EL MÉDICO QUE alcanzó gran notoriedad por ser el primero en trasplantar un corazón, escribió un poema, poco conocido, que hoy traemos a estas páginas como un impulso positivo. Oigámoslo:

Si piensas que estás vencido, lo estás.
Si piensas que no te atreves, no lo harás.
Si piensas que te gustaría ganar

pero no puedes, no lo lograrás
Si piensas que vas a perder, ya has perdido.
Porque en el mundo encontrarás
que el futuro se decide en la mente de un hombre.
Todo está en su estado mental.
Muchas carreras se han perdido
antes de haberse corrido
y muchos han fracasado
antes de haber comenzado.
Piensa en grande y crecerás,
piensa en pequeño y quedarás atrás.
Piensa que puedes y podrás.
Todo está en el estado mental.
Si piensas que estás preparado, lo estás.
Tienes que estar seguro de ti mismo.
Que la carrera de la vida no siempre la gana
el hombre más fuerte, o el más ligero,
pero, tarde o temprano, el hombre que gana
es aquel que cree poder hacerlo.

Sí, amigo lector. Si se encuentra ahora a punto de iniciar un nuevo proyecto, un cambio de orientación, una tarea difícil, un compromiso, recuerde las palabras del doctor Barnard.

El futuro se decide en la mente de la persona. Piensa que podrás y ¡tu pensamiento te ayudará a conseguir tu propósito!

*Sí, amigo lector. Sigamos este impulso positivo:*

¡CREAMOS QUE PODEMOS HACERLO!

*El valor está en nuestra mente.*

# ¡NO SUCUMBAMOS NUNCA AL ABATIMIENTO!

*Evitemos tan grave error.*

CONFUCIO NOS DEJÓ ESCRITO: «EL MAYOR ERROR ES sucumbir al abatimiento. Todos los demás errores pueden repararse, que éste no».

Pero es posible que usted, amigo lector lo esté pasando mal. Este impulso positivo va especialmente dedicado a quienes lo están pasando mal. Las cosas son como son. No podemos cambiarlas. Pero sí podemos cambiar nuestro ánimo.

Eurípides recomendaba a los enfermos: «Ten

ánimo y no te agites, que así se agrava tu padecimiento, el cual será más tolerable descansando tranquilo y sufriendo con noble resignación, pues es ley de los mortales luchar contra los dolores».

Virgilio aconsejaba ante la mala suerte: «No te inclines ante la adversidad. Oponte a ella audazmente, en cuanto tu fortuna te lo permita».

Y Horacio animaba a los angustiados: «Aparece animoso y fuerte en las angustias; sabiamente henchirás así las desplegadas velas con viento favorable».

Y Mateo Alemán aconseja ante la adversidad: «Consejo cuerdo es acometer las adversidades con alegre rostro, porque con ello se vence a los enemigos y cobran aliento los amigos».

Sí, amigo lector. Sigamos los consejos de los sabios, si estamos enfermos, ante la mala suerte, si estamos angustiados o nos enfrentamos a la adversidad.

*Sigamos este impulso positivo, amigo lector, por duras que sean las circunstancias:*

¡NO SUCUMBAMOS NUNCA AL ABATIMIENTO!

*Evitemos tan grave error.*

# ¡VENZAMOS AL MIEDO!

## *Saliendo a la luz con él.*

Dice el filósofo Epicteto: «La verdadera causa de las personas tímidas, apocadas, está en el miedo. Por eso, más que a otra cosa, hemos de temer al mismo miedo».

Oigamos cuanto dice el poeta sobre el miedo:

«Sólo tengo miedo al miedo»,
dijo alguien una vez
y eso lo sabemos todos:
Sólo al miedo hay que temer.

El miedo siempre me sigue,
como acompañante fiel.
Se me agranda o se me achica
Según lo que voy a hacer

y, cuando paso unos días
que ya no me acuerdo de él,
se me aparece de pronto
y ¡empezamos otra vez!

Al miedo tengo respeto
porque lo conozco bien.
Más que con otra persona
he convivido con él.

Lo tuve desde pequeño.
Creo que sólo al nacer
se convirtió en una parte
muy natural de mi ser.
De joven porque temía
lo que vendría después
y de viejo porque temo
por aquello que hice ayer.
Pero una trampa conozco
para liberarme de él.

Al ver que es como mi sombra
pues me sigue por doquier.
Si me pongo bajo el sol,
lo tengo bajo mis pies.
Ya que al miedo se le vence
saliendo a la luz con él.

*Sí, amigo lector. Sigamos este impulso positivo:*

¡VENZAMOS AL MIEDO!

*Saliendo a la luz con él.*

# ¡VIVAMOS HOY!

## *Mañana será otro día.*

EL POETA JOHN DRYDEN ESCRIBIÓ:

«Feliz quien puede llamar suyo el día en que vive y para sus adentros piensa: hoy he vivido plenamente. Mañana, aún ha de venir».

El autor de *La montaña mágica*, Thomas Mann, tenía una frase sobre su mesa de despacho que vale la pena comentarla ahora. Decía: «La esencia de la vida es el presente». Y no se nos escape, amigo lector, que más de una vez nuestra atención no está viviendo con plenitud el momento presente. Está pensando en el ayer o en el mañana, contraviniendo una frase de Mahoma que aconseja: «No paséis el tiempo con el pasado y con el porvenir. Estad listos para vivir el momento actual».

Sólo existe el hoy. Los ingleses tienen un proverbio que dice: «Un día de éstos no es ninguno de estos días». Y el autor Robert Burdette en uno de sus escritos nos recordaba algo similar. Decía: «Hay dos días en la semana por los que no me angustio en absoluto. Dos días que mantengo libres de angustia y miedo, cueste lo que cueste. Uno de estos días es ayer. El otro es mañana. Pero eso así: me ocupo intensamente del día de hoy, que *un hoy* vale siempre más que dos mañanas».

Sí, amigo lector. Echemos siempre mano del día de hoy. Será la mejor fórmula para que dependamos menos del mañana. Nada debemos apreciar más que el valor de cada día.

Y es que, según Flaubert, «El porvenir nos inquieta y el pasado nos retiene. He aquí porque el presente se nos escapa».

Todos estos pensamientos, referidos a la valoración del momento presente, podríamos resumirlos en una frase de Antonio Machado de sólo cuatro palabras pero muy orientadora, y de la que podemos sacar positivas consecuencias. Dice sencillamente: «Hoy es siempre todavía»

Sí, amigo lector.

*Sigamos este impulso positivo:*

¡VIVAMOS HOY!

*Mañana será otro día.*

# ¡GASTEMOS BIEN LA MONEDA DE NUESTROS DÍAS!

*Porque no sabemos los años que tenemos.*

CIERTA VEZ, EN LA ANTIGÜEDAD, UN EMPERADOR romano oyó hablar de un filósofo anciano y sabio que vivía en una aldea, y, deseoso de conocer cuánta era la profundidad de su pensamiento, se dispuso a visitarlo.

Acudió con sus cortesanos a la puerta de la choza del filósofo y lo encontró rodeado de un grupo de muchachos que escuchaban sus lecciones.

Se dirigió hacia él sin bajar del caballo.

—Me han dicho que eres muy sabio.

—Debe de ser por lo mucho que he vivido, señor.

A lo que el emperador, curioso, le preguntó:

—¿Cuántos años tienes, anciano?

El sabio, sereno, le contestó:

—No lo sé, señor.

El emperador, mofándose de él, comentó:

—¿Cómo es posible que, siendo tan sabio, no sepas los años que tienes?

El anciano entonces, sin inmutarse, le preguntó:

—¿Lleváis una bolsa, verdad, señor? ¿Podríais decirme cuántas monedas tenéis en ella?

El emperador accedió, divertido. Abrió la bolsa y, después de contar las monedas le dijo una cantidad, a lo que el sabio contestó:

—Éstas son las monedas que tenéis, las que os quedan en la bolsa. Yo no puedo deciros los años que aún tengo en la bolsa de mi vida. Puedo deciros los que he gastado, pero no los que tengo, porque los ignoro. No sé los que aún me quedan.

Agudeza de sabio. Y eso es cierto. No sabemos los años que tenemos. Lo que sí sabemos son los que hemos gastado, pero *no* los que aún nos quedan.

De ahí la fuerza del viejo proverbio: «No depende de nosotros el poner muchos años a nuestra vida, pero sí depende el hecho de poner mucha vida a nuestros años, mientras pasan».

*Sí, amigo lector. Sigamos este impulso positivo:*

¡GASTEMOS BIEN LA MONEDA DE NUESTROS DÍAS!

*Porque no sabemos los años que tenemos.*

# ¡APROVECHEMOS LA PEQUEÑA VIDA DE CADA DÍA!

*Así viviremos con más plenitud.*

EL FILÓSOFO SCHOPENHAUER DEJÓ ESCRITO: «CADA día es una vida en pequeño. Cada despertar y cada levantarse, un nacimiento en pequeño. Cada fresca mañana, una juventud en pequeño. Una madurez fértil, cada mediodía, y cada acostarse, con su noche de sueño, un ensayo de morir en pequeño. ¡Aprovechemos la pequeña vida de cada día!»

Cuando Quevedo, con su agudo humor, en su obra *Descuido del divertido vivir* dice:

Vivir es caminar
breve jornada,

eso es, amigo Lico,
nuestra vida.

nos recuerda la epístola moral del autor Fernández de Andrada:

¿Qué es nuestra vida
más que un breve día
si, apenas nace el Sol,
ya se pierde en las tinieblas
de la noche fría?

Séneca, en sus epístolas, repite este pensamiento muchas veces, diciendo:

«Apresúrate, querido Lucilo, a vivir
y ten cada uno de tus días
por otras tantas vidas».

Y Rostand, el autor de *Cyrano de Bergerac*, escribió algo más. No dijo, como hoy se acostumbra, decir que el tiempo es oro. Dijo más. Dijo «que cada día de hoy es como una perla». Sí, amigo lector. No nos angustiemos por el futuro, no temamos por él. Centrémonos en el hoy. Sepamos que hemos de vivir un día cada vez y que, cada día, es toda una nueva vida para la persona inteligente.

*Sigamos, pues, este impulso positivo:*

¡APROVECHEMOS LA PEQUEÑA VIDA DE CADA DÍA!

*Así viviremos con más plenitud.*

# ¡PROPONGÁMONOS, SIEMPRE, VIVIR A FONDO EL HOY!

## *Algún día acabaremos por conseguirlo.*

Recordemos estas palabras de Juan Luis Vives: «¿Por qué llamar largos a un siglo o a una vida? Nuestra existencia se apoya en una sola jornada, en un solo latido imperceptible».

Sí, amigo lector, vivamos a fondo el latido imperceptible del hoy, como dice este poema:

Quiero vivir el hoy, vivirlo a fondo
y hacerlo confiado, muy tranquilo,
que, si el hoy es el mañana del ayer,
llegaré a ser como hoy haya querido.

Evitaré la angustia y el temor,
rechazando todo impulso negativo
que desvíe la línea de mi marcha
e impida que logre mi objetivo.

Si tengo algún problema inesperado
habré de convertirlo en beneficio,
buscando siempre la oportunidad
que, oculta, me espera en algún sitio

Veré las cosas, hoy, con ojos limpios
sabiendo disfrutar de cuanto admiro,
así seré después ¡aún más sensible!
para gozar del paisaje del camino.

Hoy deseo reír, sentirme alegre,
como si el corazón me diera brincos.
Hoy quiero celebar ¡como una fiesta!
el simple hecho de sentirme vivo.

Y si esta noche, cuando acabe el día,
con el balance que haré de mi mismo,
no me siento del todo satisfecho
—pues sé que es muy difícil objetivo—,

abriré la ventana del mañana
y al alba habré de repetir mi grito:
«¡Yo quiero vivir hoy! ¡Quiero vivir!»
A ver si, así, un día lo consigo.

*Sí, amigo lector. Sigamos este impulso positivo:*

¡PROPONGÁMONOS, SIEMPRE, VIVIR A FONDO EL HOY!

*Algún día acabaremos por conseguirlo.*

# ¡DEMOS VALOR A CADA GRANO DE ARENA DEL RELOJ DE NUESTRA VIDA!

*Así valoraremos toda la existencia.*

EL DOCTOR CLARENCE NOS DEJÓ DICHO: «LA VIDA ES como un reloj de arena. Hay miles de granos, arriba, en lo alto, que han de caer, pasando lentamente por el estrecho cuello de cristal».

Nadie, ni usted ni yo, podemos hacer que vayan más deprisa, sin estropear el reloj.

Cada persona tiene su propio reloj de arena. Cuando empezamos la jornada, hay, ante nosotros, cientos de cosas que hemos de hacer durante el día.

Saber vivir es tomar, una a una, cada cosa, cada vez, como pasan los granos por el estrecho cuello de nuestro reloj de arena.

Si no lo hacemos así, estamos perjudicando nuestra propia estructura física o mental.

Cuando Jean Jacques Rousseau nos dice «Es el presente, es el hoy, el único bien que toda persona en realidad posee», no hace más que reafirmar las palabras del doctor Clarence.

Sí, amigo lector: Ni ayer ni mañana. Sólo hoy. Que como el autor Edwin Bliss dice al final de su libro *El ABC del tiempo*: «El mañana es una letra de cambio a cobrar en el futuro. El ayer es un talón ya cobrado. Sólo el hoy es dinero efectivo. ¡Usémoslo!»

Sí. Usemos el día de hoy como dinero efectivo, como si cada minuto fuera una moneda de valor vigente sólo por hoy, como si cada grano de arena fuera un grano de oro con el que pudiéramos comprar las cosas que hoy tenemos que hacer.

Empecemos ya a usar adecuadamente estas monedas, que como dice Marden: «en el gran reloj del tiempo, sólo hay una palabra: ¡Ahora!»

*Sí, amigo lector. Sigamos este impulso positivo:*

¡DEMOS VALOR A CADA GRANO DE ARENA
DEL RELOJ DE NUESTRA VIDA!

*Así, valoremos toda la existencia.*

# ¡TENGAMOS FUERZA PARA ENFRENTARNOS AL HOY!

## *Porque esto... ¡también pasará!*

ROBERT LUIS STEVENSON, EL AUTOR DE LA NOVELA *La isla del tesoro*, que de niños nos apasionó, dejó escrito: «Todo el mundo puede soportar su carga, por pesada que sea, hasta la noche. Todo el mundo puede realizar su trabajo, por duro que sea, durante el día. Todos podemos vivir suavemente, pacientemente, de una manera amable, hasta que el Sol se ponga, y, en realidad, esto es realmente lo que significa vivir».

Sí, amigo lector, según Stevenson, esto es lo que significa vivir.

Es posible que alguien esté pasando un momento delicado, que su carga sea más pesada de lo normal, que su trabajo sea más duro, y su tensión mayor. Recordemos el sabio refranero español, cuando nos dice «no hay mal que cien años dure», o las tres palabras que mi amigo Arturo me dice a veces. Son palabras que, como un bálsamo, llegan a calmar situaciones tensas, difíciles de pasar. Las tres palabras que mi amigo siempre aconseja tienen, según él un efecto mágico y son bien sencillas de recordar. La frase que él recomienda decir es: «Esto también pasará».

Probémosla. Digámosla a nosotros mismos o hagámosla llegar a alguien que sabemos que lo está pasando mal. Es una frase sencilla que puede darnos empuje para enfrentarnos al hoy con mayor esperanza. «Esto también pasará».

*Sí, amigo lector. Sigamos este impulso positivo.*

¡TENGAMOS FUERZA PARA ENFRENTARNOS AL HOY!

*Porque esto... ¡también pasará!*

# ¡SEAMOS FIELES A NOSOTROS MISMOS!

*Conozcamos nuestra vocación y aprovechémosla.*

Miguel de Unamuno escribió sobre la vocación: «Creo yo que la llamada cuestión social es, acaso más que un problema de reparto de riquezas o de productos del trabajo, un oportuno reparto de vocaciones».

Ya en la antigüedad, el propio Cicerón *exaltaba* los valores de la vocación, diciendo: «Dejad que cada cual se entregue a la práctica de aquella profesión que conozca bien, porque lo que llamamos vocación no es otra cosa sino *esa aptitud interior* que todos tenemos para una función determinada».

La vocación inclina a hacer el trabajo con amor, disfrutando con él. No cansa, antes al contrario. Anima y dinamiza. Que uno es fiel a sí mismo si ha tenido la dicha de haber hallado su vocación en su propia profesión.

El poeta Joan Maragall en *El elogio de vivir* nos alienta a entregarnos sin reservas a nuestro trabajo cuando dice:

«Ama a tu profesión, a tu propia vocación, aquella para la que tú sirves, aquella para la que te sientes único entre los hombres. Esfuérzate en tu labor, como si de cada detalle que cuidas, de cada pieza que colocas, de cada golpe de martillo que das, dependiera la salvación de toda la humanidad. Porque, puedes creerlo, ...depende!»

*Sí, amigo lector. Sigamos este impulso positivo:*

¡SEAMOS FIELES A NOSOTROS MISMOS!

*Conozcamos nuestra vocación y aprovechémosla.*

# ÍNDICE


PRÓLOGO 3

ACCIÓN 7
¡Actuemos ahora! 7
Conduzcamos las cosas por nuestra propia mano 9

ACTITUD POSITIVA 11
¡Mantengamos siempre una actitud positiva! 11

AFECTO 13
¡Seamos originales en la expresión de nuestro afecto 13

ALEGRÍA 15
¡Pongamos una gota de aceite en el motor de nuestra mente! 15
¡Abramos puertas y ventanas a la alegría! 17

AMBICIÓN 19
¡Veamos la parte positiva de la ambición 19

AMISTAD 21
1Inundemos la tierra con el mar de la amistad! 21
¡Evitemos perder amigos! 23
¡Seamos nuestro mejor amigo! 25

ÁNIMO 27
¡Improvisemos nuestra alegría! 27
¡Mantengamos alto nuestro estado de ánimo! 29

APLAZAMIENTO 31
¡Evitemos aplazar las cosas! 31

AUTOAPRECIO 33
¡Apreciémonos a nosotros mismos hoy! 33

AUTOCONTROL 35
¡Acudamos a nuestra propia llamada 35
¡No nos lamentemos! 37

AYUDA 39
¡Pasemos la vía del ferrocarril para ayudar a alguien! 39
¡Ayudemos a los demás! 41

CAMBIO 43
¡Esperemos, adaptémonos y colaboremos con los cambios! 43

CANTAR 45
¡Cantemos, cuando tengamos ocasión! 45

COMPROMISO 47
¡Comprometámonos con nosotros mismos! 47

COMUNICACIÓN 49
¡Digamos las cosas de manera que no puedan ser malentendidas! 49
¡Cuidemos las últimas palabras! 51
¡Añadamos a nuestro vocabulario una nueva palabra cada día! 53

CONFIANZA 55
¡Confiemos en nosotros! 55

CONSEJO 57
Cuando alguien nos pida consejo, ¡ayudémosle a ver claro el problema! 57

CONSTANCIA 59
¡Demos un golpe de pico cada vez! 59
¡Demos una paletada más! 61

CORTESÍA 63
¡Seamos corteses con los demás! 63

CREATIVIDAD 65
¡Aprovechemos la capacidad creativa de nuestra mente! 65
¡El trozo de seda es gratis! 67

DIÁLOGO INTERIOR 69
¡Cuidemos nuestro diálogo interior! 69

DIRECCIÓN 71
¡Sigamos nuestra propia dirección! 71

DISFRUTAR 73
¡Disfrutemos de los pequeños detalles que nos rodean! 73

EFICACIA 75
¡Actuemos con eficacia! 75
¡Seamos suavemente eficaces! 77

ELOGIO 79
¡Ayudemos a crecer a los demás! 79

ENERGÍA 81
¡Obtengamos más de nosotros mismos! 81

ESCRIBIR 83
¡Escribamos adecuadamente! 83

FELICIDAD 85
¡Gocemos del día en que estamos! 85
¡No querramos definir la felicidad! 87

FIDELIDAD 89
¡Seamos fieles a nosotros mismos! 89

FLEXIBILIDAD 91
¡Tengamos una actitud flexible ante los cambios! 91

FUTURO 93
¡Demos unos pasos adelante! 93

IDEA 95
¡Que no nos desaliente la opinión de los demás! 95

ILUSIÓN 97
¡Conservemos vivas las ilusiones! 97

IMAGEN 99
¡Cuidemos nuestras palabras! 99

INICIO 101
¡Empecemos hoy algo pendiente! 101

JUVENTUD 103
¡Mantengámonos siempre jóvenes de espíritu! 103

LEER 105
¡Leamos como si el leer fuera un arte! 105
¡Leamos y hagamos nuestro el libro! 107

LIBERTAD 109
¡En nuestras manos está! 109
¡Tomemos nuestra propia iniciativa! 111

LIMPIEZA MENTAL 113
¡Mantegamos limpia nuestra mente! 113

MEJORAR 115
¡Intentemos ser algo mejores cada día! 115

MENTE 117
¡Veamos en nuestra mente las cosas acabadas! 117

NOVEDAD 119
¡No digamos nunca la última palabra! 119

Objetivos 121
¡Lancemos nuestro corazón al objetivo! 121

Observación 123
¡Mantegamos siempre atenta nuestra capacidad de observación! 123

Ocasión 125
¡Aprovechemos bien toda ocasión! 125

Opinión 127
¡Respetemos otras opiniones! 127
¡Cambiemos de opinión si descubrimos otra mejor! 129

Oportunidad 131
¡Demos a alguien una nueva oportunidad! 131

Pensamiento 133
¡Respetemos a nuestros hijos! 133
¡No enturbiemos nuestro pensamiento! 135
¡Lo importante está dentro! 137
¡Pongamos nuestro corazón en el pensamiento! 139

Perfección 141
¡Busquemos la perfección en todo lo que hagamos! 141

PERSEVERANCIA 143
¡Seamos perseverantes como el agua! 143

PERSONALIDAD 145
¡Desarollemos áreas de nuestra personalidad! 145
¡Intentemos construirnos nosotros mismos! 147
¡Nunca ha existido nadie igual! 149

POSIBLE 151
¡Intentemos lo que parece imposible! 151

PREMIO 153
¡Cuando hagamos algo a nuestra satisfacción, démonos a nosotros mismos un pequeño premio! 153

PREOCUPACIONES 155
¡Evitemos aumentar nuestros problemas con absurdas preocupaciones! 155

PREVISIÓN 157
¡Preveamos las cosas con la debida antelación! 157

PRUDENCIA 159
¡Actuemos con prudencia! 159
¡Agarremos las cosas por el lado que no queman! 161

REALIZACIÓN 163
¡Acabemos de realizarnos nosotros mismos! 163

REFRANES 165
¡Conozcamos buenos refranes, máximas y sentencias! 165

REÍR 167
¡Riamos a gusto! 167

RELAJACIÓN
¡Aprendamos a relajarnos! 169

RESPETO 171
¡Sepamos dónde nos aprieta el zapato! 171

RESPONSABILIDAD 173
¡Seamos responsables! 173

SENCILLEZ 175
¡Descubramos la grandeza de las personas sencillas! 175

SENTIMIENTO 177
¡Evitemos que cuanto nos ocurra afecte a nuestro sentimiento! 177

SIMPATÍA 179
¡Demostremos empatía por lo demás! 179

SONRISA 181
¡Sonriamos, por favor! 181

TIEMPO 183
¡Afilemos nuestras herramientas! 183
¡No corramos angustiados tras el tiempo! 185

VALOR 187
¡Creamos que podemos hacerlo! 187
¡No sucumbamos nunca al abatimiento 189

VENCER AL MIEDO
¡Venzamos al miedo! 191

VIVIR HOY 193
¡Vivamos hoy! 193
¡Gastemos bien la moneda de nuestros días! 195
¡Aprovehemos la pequeña vida de cada día! 197
¡Propongámonos, siempre, vivir al fondo el hoy! 199

¡Demos valor a cada grano de arena del reloj de nuestra vida! 201
¡Tengamos fuerza para enfrentarnos al hoy! 203

VOCACIÓN
¡Seamos fieles a nosotros mismos! 205